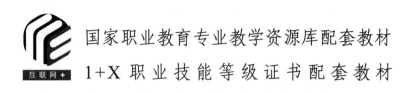

国家职业教育专业教学资源库配套教材

1+X 职业技能等级证书配套教材

汽车发动机电控系统
故障诊断与维修

（含工作页）

主　编　杨杭旭　　渠珍珍

副主编　刘冬梅　　周梅芳　　李月樵　　俞　坚

参　编　施胜华　　方　升　　方韶华　　施卢丹

主　审　龚永坚

科学出版社

北　京

内 容 简 介

本书以汽车发动机电控系统故障诊断与维修项目为主线,遵循理论知识"必需、够用"的原则,采用"项目引领、任务驱动"和"基于工作过程"的职业教育课程改革理念进行编写。

本书共 4 个项目、11 个任务,主要内容包括传感器故障诊断与维修、执行器故障诊断与维修、发动机控制模块故障诊断与维修、发动机电控系统典型故障诊断与维修。

本书由校企"双元"联合编写,体现以人为本,强调"岗课赛证"综合育人,注重思政融入和信息化资源配套。

本书可作为高等职业院校(含职业本科、高职高专)汽车类专业的教学用书,也可作为汽车维修企业员工培训和行业技术人员培训的参考用书。

图书在版编目（CIP）数据

汽车发动机电控系统故障诊断与维修:含工作页/杨杭旭,渠珍珍主编. —北京:科学出版社,2025.6

国家职业教育专业教学资源库配套教材　1+X 职业技能等级证书配套教材

ISBN 978-7-03-070027-8

Ⅰ.①汽… Ⅱ.①杨… ②渠… Ⅲ.①汽车-发动机-电子系统-控制系统-故障诊断-高等职业教育-教材 ②汽车-发动机-电子系统-控制系统-故障检测-高等职业教育-教材 Ⅳ.①U472.43

中国版本图书馆 CIP 数据核字（2021）第 206638 号

责任编辑:张振华　刘建山 / 责任校对:马英菊
责任印制:吕春珉 / 封面设计:东方人华平面设计部

科 学 出 版 社 出版

北京东黄城根北街 16 号
邮政编码:100717
http://www.sciencep.com

三河市骏杰印刷有限公司印刷
科学出版社发行　各地新华书店经销

*

2025 年 6 月第 一 版　开本:787×1092　1/16
2025 年 6 月第一次印刷　印张:10 1/2
字数:230 000

定价:45.00 元（共两册）
（如有印装质量问题,我社负责调换）

销售部电话 010-62136230　编辑部电话 010-62135120-2005

前　　言

教育是国之大计、党之大计。教育、科技、人才是全面建设社会主义现代化国家的基础性、战略性支撑。党的二十大报告指出："加快建设国家战略人才力量，努力培养造就更多大师、战略科学家、一流科技领军人才和创新团队、青年科技人才、卓越工程师、大国工匠、高技能人才。"

为了适应汽车产业高质量发展和职业本科院校教学改革的需要，编者根据二十大报告和《职业院校教材管理办法》《高等学校课程思政建设指导纲要》《"十四五"职业教育规划教材建设实施方案》等相关文件精神，结合自身多年的教学和实践成果，编写了本书。在编写本书的过程中，紧紧围绕"培养什么人、怎样培养人、为谁培养人"这一教育的根本问题，以落实立德树人为根本任务，以学生综合职业能力培养为中心，以培养卓越工程师、大国工匠、高技能人才为目标。

与同类图书相比，本书的体例更加合理和统一、概念阐述更加严谨和科学、内容重点更加突出、文字表达更加简明易懂、工程案例和思政元素更加丰富、配套资源更加完善。具体而言，本书的特色主要表现在以下几个方面。

1. 校企"双元"联合编写，行业特色鲜明

本书是在行业专家、企业专家和课程开发专家的指导下，由校企"双元"联合编写的系列新形态融媒体教材之一。编者均来自教学或企业一线，有多年教学和实践经验，多数人带队参加过国家级或省级技能大赛，并取得了优异的成绩。在编写本书的过程中，编者能紧扣专业培养目标，借鉴技能大赛所提出的能力要求，把技能大赛过程中所体现的规范、高效等理念贯穿其中，符合当前企业对人才综合素质的要求。

本书采用"项目引领、任务驱动""基于工作过程"的职业教育课程改革理念，力求建立以项目为核心、以任务为载体、以工作过程为导向的教学模式，并配备了工作页，具有很强的针对性和可操作性。

2. 体现以人为本，从职业院校学生实际出发

本书切实从职业院校学生的实际出发，以浅显易懂的语言和丰富的图示来进行说明，不过度强调理论和概念，主要介绍操作技能、技巧，培养学生的职业能力，拓展学生视野，帮助学生树立创新精神，培养学生独立解决问题的能力。

本书摒弃了以往同类书籍中过多的理论描述，从实用、专业的角度出发，剖析各个知识点。本书以练代讲，练中学，学中悟，不仅可以大幅度提高学生的学习效率，还可以很好地激发学生的学习兴趣。

3. 强调"岗课赛证"综合育人，注重思政融入

本书共 4 个项目，包括传感器故障诊断与维修、执行器故障诊断与维修、发动机控制模块故障诊断与维修、发动机电控系统典型故障诊断与维修等。

本书编写注意对接岗位核心能力、职业标准及 1+X 职业技能等级证书，强调"岗课赛证"综合育人；同时凝练课程中蕴含的思政要素，将规范意识、安全意识、团队精神、精益化生产管理理念、工匠精神的培养与教学内容融为一体，以潜移默化地提升学习者的思想政治素养。

4. 配套立体化的教学资源，便于实施信息化教学

为了方便教师实施线上线下混合式教学和学生自主学习，本书配有立体化的教学资源包（下载地址：www.abook.cn），包括多媒体课件、动画、微课视频等。同时，书中穿插有丰富的二维码资源链接，通过手机等终端扫描后，可观看动画和微课视频。

金华职业技术大学杨杭旭、渠珍珍担任主编；金华职业技术大学刘冬梅、周梅芳，国家机动车机械零部件产品质量监督检验中心（浙江）李月樵，浙江大昌投资集团股份有限公司俞坚担任副主编；金华金奥汽车销售服务有限公司施胜华，浙江交通技师学院方升，金华职业技术大学方韶华、施卢丹参与编写。金华职业技术大学龚永坚教授对全书内容进行审定。

由于编者水平有限，书中难免有疏漏和不妥之处，敬请广大读者批评指正。

本书配套的动画和微课视频资源列表

本书配套开发了 62 个知识点、技能点、案例的动画及微课视频资源，资源名称、类型及对应任务见下表。

序号	资源名称	资源类型	对应任务
	项目一 传感器故障诊断与维修		
1	动画 1-1-1 磁电式曲轴位置传感器的结构	动画	
2	动画 1-1-2 磁电式曲轴位置传感器的工作原理	动画	
3	动画 1-1-3 霍尔式曲轴位置传感器的工作原理	动画	
4	视频 1-1-1 曲轴位置传感器功能检查	视频	
5	动画 1-1-4 霍尔式凸轮轴位置传感器的结构	动画	
6	动画 1-1-5 霍尔效应	动画	
7	视频 1-1-2 凸轮轴位置传感器功能检查	视频	
8	视频 1-1-3 节气门位置传感器功能检查	视频	
9	视频 1-1-4 加速踏板位置传感器功能检查	视频	
10	动画 1-1-6 进气歧管压力传感器的结构	动画	
11	视频 1-1-5 进气压力传感器功能检查	视频	
12	动画 1-1-7 进气压力传感器工作原理	动画	
13	动画 1-1-8 热膜式空气流量传感器的结构	动画	传感器识别及功能检查
14	动画 1-1-9 热膜式空气流量传感器的作用	动画	
15	动画 1-1-10 热线式空气流量传感器的结构	动画	
16	动画 1-1-11 热线式空气流量传感器的工作原理	动画	
17	视频 1-1-6 空气流量传感器功能检查	视频	
18	视频 1-1-7 进气温度传感器功能检查	视频	
19	视频 1-1-8 冷却液温度传感器功能检查	视频	
20	动画 1-1-12 氧传感器的类型	动画	
21	动画 1-1-13 氧化锆式氧传感器的结构	动画	
22	动画 1-1-14 氧化锆式氧传感器的工作原理	动画	
23	动画 1-1-15 宽带氧传感器的工作原理	动画	
24	动画 1-1-16 爆燃传感器的类型	动画	
25	动画 1-1-17 爆燃传感器的结构	动画	
26	视频 1-1-9 汽车通用诊断仪的使用-以 KT600 为例	视频	
27	视频 1-2-1 主要传感器电路查询	视频	
28	视频 1-2-2 示波器的使用	视频	
29	视频 1-2-3 曲轴位置传感器及控制电路检测	视频	
30	视频 1-2-4 凸轮轴位置传感器及控制电路检测	视频	传感器电路查询及检测
31	视频 1-2-5 节气门位置传感器及控制电路检测	视频	
32	视频 1-2-6 进气歧管压力/温度传感器及控制电路检测	视频	
33	视频 1-2-7 氧传感器及控制电路检测	视频	
34	视频 1-3-1 汽车专用诊断仪的使用-以 6150D 为例	视频	传感器故障诊断与分析
35	视频 1-3-2 线路故障诊断（断、短、虚）	视频	

续表

序号	资源名称	资源类型	对应工作任务
项目二　执行器故障诊断与维修			
36	动画 2-1-1　燃油泵的类型	动画	燃油供油系统执行器故障诊断与维修
37	视频 2-1-1　迈腾 B8 燃油泵控制电路故障检修案例	视频	
38	动画 2-1-2　卡罗拉汽油泵控制电路	动画	燃油供油系统执行器故障诊断与维修
39	视频 2-1-2　喷油器工作状况检测	视频	
40	视频 2-1-3　喷油器及控制电路检测	视频	
41	视频 2-2-1　节气门电动机及控制电路检测	视频	进气系统执行器故障诊断与维修
42	视频 2-2-2　进气歧管风门电位计及控制电路检测	视频	
43	视频 2-2-3　进气道可变控制系统检测	视频	
44	视频 2-2-4　气门升程可变控制系统检测	视频	
45	视频 2-2-5　气门正时可变控制系统检测	视频	
46	视频 2-3-1　炭罐电磁阀	视频	排气系统执行器故障诊断与维修
47	视频 2-3-2　废气涡轮增压控制系统检测	视频	
48	视频 2-3-3　汽车尾气的检测与分析	视频	
49	视频 2-4-1　单独点火方式用点火线圈结构	视频	电子点火控制系统执行器故障诊断与维修
50	视频 2-4-2　单独点火方式用点火线圈工作原理	视频	
51	视频 2-4-3　点火电路检测	视频	
52	视频 2-4-4　点火系统故障检修案例（以迈腾 B8 为例）	视频	
项目三　发动机控制模块故障诊断与维修			
53	视频 3-1-1　ECU 总成的拆装	视频	发动机控制模块电路分析与检测
54	视频 3-1-2　ECU 电源电路分析（以迈腾 B8 为例）	视频	
55	视频 3-1-3　ECU 及控制电路测试（以迈腾 B8 为例）	视频	
项目四　发动机电控系统典型故障诊断与维修			
56	视频 4-1-1　起动控制电路分析	视频	电控发动机不能起动故障诊断与维修
57	视频 4-1-2　电控发动机不能起动故障检修案例（一）	视频	
58	视频 4-1-3　电控发动机不能起动故障检修案例（二）	视频	
59	视频 4-1-4　电控发动机不能起动故障检修案例（三）	视频	
60	视频 4-2-1　电控发动机运行不良故障检修案例（一）	视频	电控发动机运行不良故障诊断与维修
61	视频 4-2-2　电控发动机运行不良故障检修案例（二）	视频	
62	视频 4-2-3　电控发动机运行不良故障检修案例（三）	视频	

目　　录

项目一　传感器故障诊断与维修

📖 项目概述

电控发动机传感器的主要功能是通过安装在发动机上的一系列电子装置，将反映发动机运行状态的数据转换成电信号，并传输给发动机电子控制单元（electronic control unit，ECU）。这些电信号是控制喷油、点火及其他操作的关键参考信号。电控发动机通常配备多种传感器，如压力、温度、角度、流量、转速、爆燃和位置传感器等。

🔧 学习目标

知识目标	能力目标	思政要素和职业素养目标
1. 了解传感器的分类、作用及故障类别； 2. 了解故障码的定义； 3. 掌握传感器主要数据的分析策略及其数据流的读取和冻结方法； 4. 了解传感器电路及线束端子信息的含义和特点； 5. 掌握不同类型传感器电路的含义及检测方法； 6. 掌握传感器故障的诊断流程设计方法	1. 会进行传感器的识别及其插接器的正确拆装； 2. 会进行故障码的读取与清除； 3. 会进行电控发动机数据流的读取及测试； 4. 会进行传感器电路及线束端子信息的查询； 5. 会进行传感器的工作电压、信号电压及接地等的在线检测； 6. 会进行故障传感器对应引脚的检测及波形分析	1. 树立正确的学习观、价值观，自觉践行行业道德规范； 2. 遵规守纪，团结协作，爱护设备，钻研技术

任务一　传感器识别及功能检查

🧰 任务描述

传感器是电控发动机中至关重要的信号输入设备，种类繁多。当传感器或其线路发生故障时，ECU 会生成故障码。本任务要求针对传感器故障的维修，准确识别传感器的类型，并借助诊断仪器等设备读取故障码、分析数据流，以判定传感器的功能状态。

⚙️ 相关知识

一、电控发动机位置类传感器

位置类传感器包括曲轴位置传感器、凸轮轴位置传感器、节气门位置传感器、加速踏板位置传感器等，其主要功能是将电控发动机相关的位置信号转化为电信号，并传输给发动机 ECU，供 ECU 判定各关键位置。

（一）曲轴位置传感器

1. 功用

曲轴位置传感器（crankshaft position sensor，CPS 或 CKP）又称曲轴转速与位置

传感器，主要用于采集曲轴转动的角度和发动机的转速信号，并将采集到的信号输入ECU以确定喷射顺序、喷射正时、点火顺序和点火正时，同时监测曲轴转角波动以判断发动机是否发生失火。作为发动机集中控制系统的核心传感器之一，它既是控制发动机燃油喷射和点火时刻、确认曲轴位置的信号源，也是测量发动机转速的信号源。在现代电控发动机中，曲轴位置传感器与发动机转速传感器通常一体化设计，既可用于检测发动机曲轴位置和活塞上止点位置，又可用于发动机转速的测定。

2. 类型及安装位置

曲轴位置传感器（图1-1-1）根据信号产生原理可分为磁电式、霍尔式和光电式3种，其中磁电式是大多数车辆的常用类型。曲轴位置传感器的安装位置因车型不同而有所差异，一般安装在发动机前端靠近曲轴带轮处（图1-1-2）。

图 1-1-1　曲轴位置传感器　　　　图 1-1-2　曲轴位置传感器的安装位置
（箭头指示处）

3. 结构及工作原理

这里以磁电式曲轴位置传感器为例进行曲轴位置传感器结构及工作原理的介绍。

（1）结构

磁电式曲轴位置传感器主要由信号发生器和信号转子组成，如图1-1-3所示。

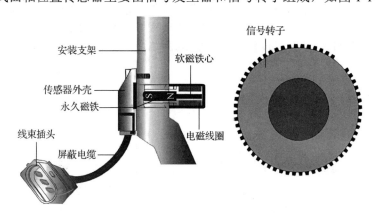

图 1-1-3　磁电式曲轴位置传感器的结构

1）信号发生器。信号发生器由永久磁铁、电磁线圈和线束插头组成，固定在发动机缸体上。永久磁铁上带有一个软磁铁心，该铁心一端正对安装在曲轴上的齿盘式信号转子，它与磁轭（导磁板）相连，从而构成导磁回路。永久磁铁安装在信号盘的边缘，产生的永磁场穿过信号盘、电磁线圈等。电磁线圈的作用是，当磁场发生变化时，产生感应电动势，输出信号。

2）信号转子。信号转子为齿盘式，安装在曲轴或分电器轴上，并随之转动，其外缘均匀分布 58 个凸齿、57 个小齿缺和 1 个大齿缺。大齿缺用于输出基准信号，通常对应发动机气缸 1 或气缸 4 在压缩上止点前的某个特定角度。大齿缺的弧度相当于 2 个凸齿和 3 个小齿缺的总弧度。由于信号转子随曲轴一同旋转，曲轴旋转 360°，信号转子也旋转 360°，因此每个凸齿和齿缺所对应的曲轴转角为 360°，每个凸齿和小齿缺所占的曲轴转角均为 3°（58×3°＋57×3°=345°），大齿缺所对应的曲轴转角为 15°（2×3°＋3×3°）。

动画 1-1-1　磁电式曲轴位置传感器的结构

（2）工作原理

信号转子每转过一个凸齿，传感线圈中就会产生一个周期性的交变电动势，即电动势出现一次最大值和一次最小值，进而输出一个交变电压信号。磁电式传感器的主要优点是不需要外部电源，永久磁铁将机械能转换为电能时，其磁能不会衰减。当发动机转速变化时，信号转子凸齿转动的速度也会发生变化，软磁铁心中的磁通变化率也会随之发生变化：转速越高，磁通变化率越大，电磁线圈中的感应电动势越高。

动画 1-1-2　磁电式曲轴位置传感器的工作原理　　动画 1-1-3　霍尔式曲轴位置传感器的工作原理

4. 功能检查

对于曲轴位置传感器，主要通过以下 3 个方面的检查来确定其功能正常，如视频 1-1-1 所示。

1）发动机转速表显示正常；

2）通过数据流能读取到正确的发动机转速数据；

3）ECU 未记录与曲轴位置传感器相关的故障码。

视频 1-1-1　曲轴位置传感器功能检查

（二）凸轮轴位置传感器

1. 功用

凸轮轴位置传感器（camshaft position sensor，CPS）又称同步信号传感器，在许多大众系列车型中常被称为霍尔式传感器，其主要功能是检测凸轮轴的转角位置，发动机控制模块通过接收转角位置信号，并与曲轴位置传感器配合，确定发动机某一气缸（如第一个气缸）的位置，进而确定其上止点。

2. 类型及安装位置

凸轮轴位置传感器（图 1-1-4）也可分为磁电式、霍尔式和光电式 3 种，市面上应用较广的是霍尔式凸轮轴位置传感器。该传感器的安装位置也因车型不同而有所差异，一般安装在凸轮轴前端或后端壳体上（图 1-1-5）。

凸轮轴位置传感器

图 1-1-4　凸轮轴位置传感器　　　　图 1-1-5　凸轮轴位置传感器的安装位置

3. 结构及工作原理

这里以霍尔式凸轮轴位置传感器为例进行凸轮轴位置传感器结构及工作原理的介绍。

（1）结构

霍尔式凸轮轴位置传感器主要由转子叶轮、霍尔元件、永久磁铁等组成，如图 1-1-6 所示。

动画 1-1-4　霍尔式凸轮轴位置传感器的结构

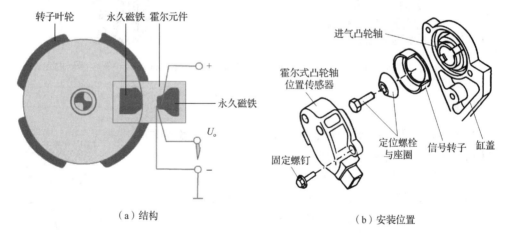

（a）结构　　　　　　　　　　（b）安装位置

图 1-1-6　霍尔式凸轮轴位置传感器的结构及安装位置

（2）工作原理

霍尔效应：当霍尔基片垂直放于磁场中，并且通一垂直于磁场方向的电流时，基片会在垂直于磁场和电流方向上产生霍尔电压，该电压的大小与磁场强度成正比。

动画 1-1-5　霍尔效应

霍尔式凸轮轴位置传感器正是基于霍尔效应工作的。信号转子安装在进气凸轮轴上，用螺栓和座圈固定。信号转子的隔板又称叶片。在隔板上有一个窗口，窗口对应产生的信号为低电平信号。隔板对应产生的信号为高电平信号。霍尔元件与永久磁铁之间有 1mm 的间隙，当信号转子随进气凸轮轴一同转动时，隔板和窗口从霍尔元件与永久磁铁之间的间隙中穿过。

当信号转子的隔板进入间隙时，霍尔元件集成电路中的磁场被旁路，霍尔元件上没有磁力线穿过，霍尔电压为零，集成电路输出极晶体管截止，传感器输出的信号电压为高电位，约为 4.0V；当信号转子的隔板离开间隙时，永久磁铁的磁通经导磁片和霍尔元件集成电路构成回路，这时产生的霍尔电压约为 2.0V，集成电路输出极晶体管导通，传感器输出的信号电压为 0.1V，为低电压。

4. 功能检查

对于凸轮轴位置传感器，主要通过以下两个方面的检查来确定其功能正常，如视频 1-1-2 所示。

1）ECU 未记录与凸轮轴位置传感器相关的故障码；

2）通过数据流能读取到正确的凸轮轴转速数据。

视频 1-1-2　凸轮轴位置
传感器功能检查

（三）节气门位置传感器

1. 功用

节气门位置传感器（throttle position sensor，TPS）又称节气门电位计，其主要功能是反映节气门开度（负荷）的大小，判定发动机怠速、部分负荷、全负荷工况，实现不同的控制模式；反映节气门开度的变化情况（加速、减速），实现加速加油和减速减油或断油控制。该传感器发出的信号是控制喷油量、点火正时、怠速转速和尾气排放的重要参考信号。

2. 类型及安装位置

节气门位置传感器主要有线性输出型节气门位置传感器、开关量输出型节气门位置传感器和综合式节气门位置传感器 3 种，目前应用较多的是线性输出型节气门位置传感器。节气门位置传感器安装在节气门体上（图 1-1-7）。

图 1-1-7　节气门位置传感器的安装位置

3. 结构及工作原理

这里以线性输出型节气门位置传感器为例介绍节气门位置传感器的结构及工作原理。

（1）结构

线性输出型节气门位置传感器主要由电阻器、地线 E2、怠速触点 IDL、节气门开度输出端子 VTA、电源端子 VC、滑动触点（IDL 信号触点和节气门全开触点）等组成，如图 1-1-8 所示。

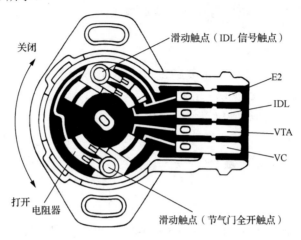

图 1-1-8　线性输出型节气门位置传感器的结构

（2）工作原理

线性输出型节气门位置传感器有一个同节气门联动的可动电刷触点。这个触点可在基板的电阻体上滑动，利用电阻值的变化，测得与节气门开度相对应的线性输出电压，根据输出的电压值可知节气门的开度。

目前大多数轿车均配备两个可变电阻式节气门位置传感器，两路电子节气门电阻值均呈线性变化。这两个传感器产生的电压信号（节气门的位置信息）会传递给发动机 ECU，以反映节气门开度和开启速率的变化情况，从而据此控制节气门，并将节气门的位置信息反馈给 ECU，形成闭环控制。当 ECU 发出指令给调节电动机时，电动机能够根据传感器的反馈信息，准确地调整节气门阀片的位置。

4．功能检查

对于节气门位置传感器，主要通过以下两个方面的检查来确定其功能正常，如视频 1-1-3 所示。

1）ECU 未记录与节气门位置传感器相关的故障码；

2）静止（点火开关 ON）或起动状态下，两个节气门位置传感器反馈的占空比信号呈同步变化。

视频 1-1-3　节气门位置传感器功能检查

（四）加速踏板位置传感器

1．功用

加速踏板位置传感器（accelerator pedal position sensor，APPS）的主要功能是，检测加速踏板的行程与位置，将其转化为电信号送给发动机 ECU，反映驾驶员的驾驶意图，进而控制节气门电动机的工作，驱动节气门打开到期望角度。

2. 安装位置及类型

加速踏板位置传感器安装在加速踏板附近（图 1-1-9）。加速踏板位置传感器可分为可变电阻式和霍尔式两种。市场上应用较多的是六线霍尔式加速踏板位置传感器。

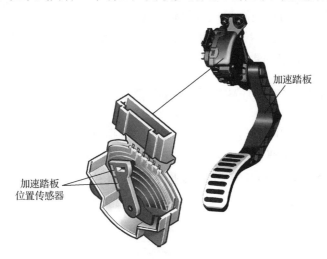

图 1-1-9　加速踏板位置传感器的安装位置

3. 结构及工作原理

这里以霍尔式加速踏板位置传感器为例介绍加速踏板位置传感器的结构及工作原理。

霍尔式加速踏板位置传感器如图 1-1-10 所示，为确保其信号的可靠性，两个电位器的控制电路完全独立，即两个电位器各自采用独立的电源端子、搭铁端子和信号端子。因此，加速踏板位置传感器通常具有 6 个接线端子。与节气门位置传感器类似，发动机 ECU 利用加速踏板位置传感器的两个电位器信号，不仅能获取加速踏板位置，还能进行传感器故障监测：一旦检测到两个信号电压的差值（或两电压之和）与标准不符，即判定该传感器存在故障，系统会立即启动失效保护模式，按"未踩踏板"状态进行控制。

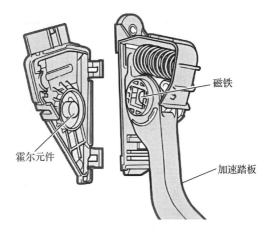

图 1-1-10　霍尔式加速踏板位置传感器

4. 功能检查

对于加速踏板位置传感器，主要通过以下两个方面的检查来确定其功能正常，如视频 1-1-4 所示。

1）ECU 未记录与加速踏板位置传感器相关的故障码；

2）静止（点火开关 ON）或起动状态下，两个加速踏板位置传感器反馈的信号呈同步变化。

视频 1-1-4　加速踏板位置传感器功能检查

二、电控发动机进气压力及流量型传感器

电控发动机进气压力及流量型传感器主要包括进气压力传感器、空气流量传感器等，该类传感器的主要作用是将检测到的与电控发动机相关的压力、流量信号转换成电信号传送给发动机 ECU，ECU 根据这些电信号确定喷油量、点火时刻等。

（一）进气压力传感器

1. 功用

进气压力传感器（manifold absolute pressure sensor，MAPS）（图 1-1-11）又称进气歧管压力传感器，主要功能是测量进气歧管内的压力，并将压力信号转换成电信号传送给发动机 ECU，该信号作为决定喷油器基本喷油量和基本点火提前角的重要依据。

图 1-1-11　进气压力传感器　　　动画 1-1-6　进气歧管压力传感器的结构

2. 类型及安装位置

进气压力传感器（图 1-1-12）根据信号产生的原理可分为可变电感式、膜盒传动式、电容式和半导体压敏电阻式。市场上应用较广的是半导体压敏电阻式进气压力传感器和电容式进气压力传感器。进气压力传感器一般安装在进气歧管处，一些轿车品牌（如迈腾）将压力传感器和温度传感器集成在一起。

图 1-1-12　进气压力传感器的安装位置

3. 结构及工作原理

这里以半导体压敏电阻式进气压力传感器为例介绍进气压力传感器的结构及工作原理。

半导体压敏电阻式进气压力传感器由半导体压力转换元件（硅片）与过滤器组成（图 1-1-13）。

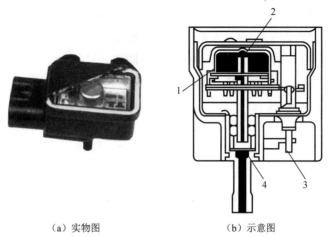

（a）实物图　　　　　　　（b）示意图

1—真空室；2—硅片；3—输出端子；4—过滤器。

图 1-1-13　半导体压敏电阻式进气压力传感器的实物图及结构示意图

半导体压敏电阻式进气压力传感器硅片的结构及电路如图 1-1-14 所示。硅片中的 4 个电阻组成单臂电桥，如图 1-1-14（b）所示，该电桥由稳定电源供电，应在硅片无变形时调至平衡状态。当空气压力增加时，硅片弯曲，引起电阻值变化，其中 R_1 和 R_4 的电阻值增大，而 R_2 和 R_3 的电阻值则等量减小，此时电桥失去平衡，在 AB 端形成电位差，输出正比于压力的电压信号。

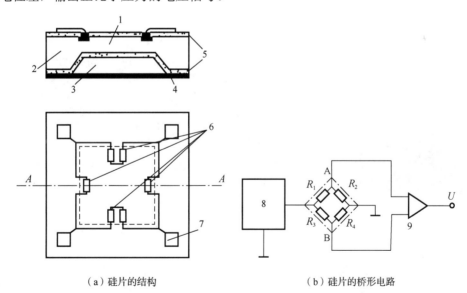

（a）硅片的结构　　　　　　　（b）硅片的桥形电路

1—硅片；2—硅；3—真空管；4—硼硅酸玻璃片；5—二氧化硅膜；6—应变电阻；7—金属块；
8—稳压电源；9—差动放大器。

图 1-1-14　半导体压敏电阻式进气压力传感器硅片的结构及电路

4. 功能检查

对于进气压力传感器，主要通过以下两个方面的检查来确定其功能正常，如视频 1-1-5 所示。

1）ECU 未记录与进气压力传感器相关的故障码；

2）静止（点火开关 ON）或起动状态下，随着发动机处于不同工况，进气压力呈现规律性变化。

视频 1-1-5　进气压力
传感器功能检查

动画 1-1-7　进气压力
传感器工作原理

（二）空气流量传感器

1. 功用

空气流量传感器（air flow sensor，AFS）（图 1-1-15）又称空气流量计，其主要功能是将单位时间内吸入发动机气缸的空气量转换成电信号传送至 ECU，该电信号作为决定喷油量和点火正时的基本信号之一。

2. 类型及安装位置

空气流量传感器按其结构形式和进气量的检测原理可分为翼板式空气流量传感器、卡门涡旋式空气流量传感器、热线式空气流量传感器和热膜式空气流量传感器 4 种。空气流量传感器一般安装在空气滤清器和节气门之间的进气歧管上，如图 1-1-16 所示。空气流量传感器上面标有表示进气方向的箭头，应按箭头指示方向安装，以免装反后空气流量传感器无法正常工作。

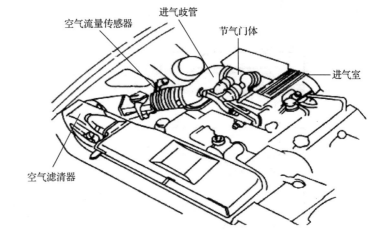

图 1-1-15　空气流量传感器　　　　图 1-1-16　空气流量传感器的安装位置

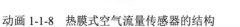

动画 1-1-8　热膜式空气流量传感器的结构　　　动画 1-1-9　热膜式空气流量传感器的作用

3. 结构及工作原理

这里以热线式空气流量传感器为例介绍空气流量传感器的结构及工作原理。

（1）结构

热线式空气流量传感器由感知空气流量的白金热线（铂金属线）、根据进气温度进行温度修正的温度补偿电阻（冷线）、控制热线电流并产生输出信号的控制电路板及空气流量传感器的壳体等元器件组成，如图 1-1-17 所示。根据白金热线在壳体内的安装部位不同，热线式空气流量传感器分为主流测量和旁通测量两种。

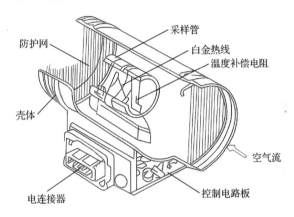

图 1-1-17 热线式空气流量传感器的结构　　动画 1-1-10 热线式空气流量传感器的结构

（2）工作原理

热线式空气流量传感器的工作原理（图 1-1-18）：混合集成电路 A 用于调节白金热线的温度与吸入空气温度保持一定温差，当空气质量流量增大时，混合集成电路 A 使白金热线通过的电流加大，反之，则减小。这样，就使得通过热线 R_H 的电流是空气质量流量的单一函数，即热线电流 I_H 随空气质量流量的增大而增大，或随其减小而减小，一般在 50～120mA 的范围内变化。

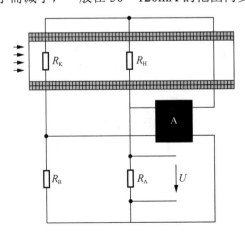

图 1-1-18 热线式空气流量传感器的工作原理　动画 1-1-11 热线式空气流量传感器的工作原理

4. 功能检查

对于空气流量传感器，主要通过以下两个方面的检查来确定其功能正常，如视频 1-1-6 所示。

1）ECU 未记录与空气流量传感器相关的故障码；

2）起动发动机后，随着转速的上升，流量值显示逐渐增大。

视频 1-1-6　空气流量传感器功能检查

三、温度类传感器

电控发动机温度类传感器主要分为进气温度传感器和冷却液温度传感器两种。该类传感器的主要作用是将检测到的电控发动机进气温度、冷却液温度等温度信号转换成电信号，并传输至发动机 ECU，用于汽油喷射、点火正时、怠速控制和尾气排放的调节。

（一）进气温度传感器

1. 功用

进气温度传感器（intake air temperature sensor，IATS）（图 1-1-19）用于检测进气温度，并将进气温度信号转换成电信号传输至发动机 ECU，作为汽油喷射、点火正时的修正信号。

2. 类型及安装位置

进气温度传感器主要有绕线电阻式温度传感器和热敏电阻式温度传感器。其中，热敏电阻式温度传感器灵敏度较高，又可分为负热敏系数（negative temperature coefficient，NTC）和正热敏系数（positive temperature coefficient，PTC）两种。热敏电阻式温度传感器的响应特性比绕线电阻式温度传感器优良，主要用于检测发动机冷却液和进气温度。进气温度传感器主要安装在进气歧管上，如图 1-1-20 所示。

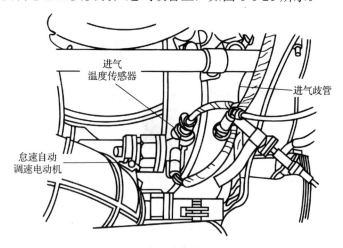

图 1-1-19　进气温度传感器　　图 1-1-20　北京切诺基 2.5L 发动机进气温度传感器安装位置

3. 结构及工作原理

进气温度传感器主要由插头、外壳、可变电阻（核心部件）等组成，如图 1-1-21 所示。其中，可变电阻为负温度系数热敏电阻，与进气歧管中的空气相接触，其工作原理：随着空气温度的升高，阻值降低；反之，阻值升高。

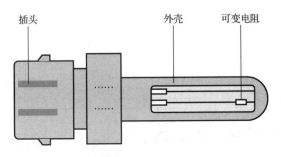

插头　　外壳　可变电阻

图 1-1-21　进气温度传感器的结构

4. 功能检查

对于进气温度传感器，主要通过以下两个方面的检查来确定其功能正常，如视频 1-1-7 所示。

1）ECU 未记录与进气温度传感器相关的故障码；

2）通过诊断仪读取的进气温度数据与实际温度一致。

视频 1-1-7　进气温度
传感器功能检查

（二）冷却液温度传感器

1. 功用

发动机冷却液温度传感器（图 1-1-22）用于检测发动机冷却液的温度，并将温度信号转换成电信号传输给发动机 ECU，作为汽油喷射、点火正时、怠速和尾气排放控制的主要修正信号。

图 1-1-22　冷却液温度传感器

2. 类型及安装位置

冷却液温度传感器多为 NTC（负热敏系数）形式的。冷却液温度传感器主要安装在发动机水套或冷却液出水管处，如图 1-1-23 所示。

图 1-1-23　冷却液温度传感器的安装位置

3. 结构及工作原理

冷却液温度传感器主要由接线插座、外壳、负温度系数电阻（核心部件）等组成（图 1-1-24）。其中，可变电阻采用负温度系数热敏电阻，与冷却液相接触，其工作原理：随着冷却液温度的升高，阻值降低；反之，阻值升高。

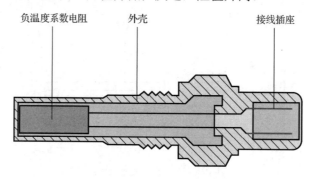

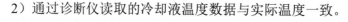

图 1-1-24　冷却液温度传感器的结构

4. 功能检查

对于冷却液温度传感器，主要通过以下两个方面的检查来确定其功能正常，如视频 1-1-8 所示。

1）ECU 未记录与冷却液温度传感器相关的故障码；

2）通过诊断仪读取的冷却液温度数据与实际温度一致。

视频 1-1-8　冷却液温度
传感器功能检查

四、无源类传感器

无源类传感器的工作电压不是由蓄电池提供的，而是由浓度差、振动等物理信号转换而来的，这类传感器主要包括磁电式曲轴位置传感器（前面已有描述，这里不再展开）、氧传感器、爆燃传感器等。

（一）氧传感器

1. 功用

为了提高电喷车的排气净化率，降低排气中一氧化碳（CO）、碳氢化合物（C_xH_y）和氮氧化合物（NO_x）的含量，必须使用三元催化转换器。为确保三元催化转换器可以有效工作，必须精确控制空燃比，使其始终接近理论空燃比。三元催化转换器通常安装在排气歧管与消声器之间。氧传感器在理论空燃比（14.7）附近具有显著的电压变化特性，这一特性可用于检测排气中的氧气浓度并反馈给 ECU，以调节空燃比。当实际空燃比增高时，排气中的氧气浓度增加，氧传感器将混合气稀薄的状态（低电动势：接近 0V）通知 ECU；当实际空燃比低于理论值时，排气中的氧气浓度降低，氧传感器则发送高电动势信号（接近 1V）给 ECU。因此，氧传感器的主要功能是检测排气中的氧气含量，并将其转换成电信号发送给发动机 ECU，根据这些信息，ECU 能够判断混合气体的成分，并调整实际空燃比保持在理论值 14.7 左右，以实现最佳的三元催化效果和排放性能，从而完成空燃比的闭环控制。氧传感器如图 1-1-25 所示。

2. 类型及安装位置

图 1-1-25　氧传感器

氧传感器一般有两种分类方法：按传感器材料可分为氧化钛式（利用二氧化钛材料的电阻值随排气中氧含量的变化而变化的特性制成，又称为电阻型氧传感器）和氧化锆式（基本元件是氧化锆陶瓷管，亦称锆管）两种；根据氧传感器的信号特性可分为宽带氧传感器和窄带氧传感器。一般轿车有两个氧传感器，即上游氧传感器和下游氧传感器，分别安装在三元催化转换器的前后（所以也称为前氧传感器和后氧传感器），位于排气歧管处，如图 1-1-26 所示。

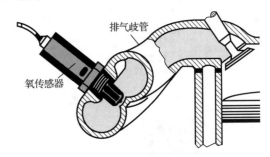

动画 1-1-12　氧传感器的类型

图 1-1-26　氧传感器的安装位置

3. 结构及工作原理

（1）窄带氧传感器的结构及工作原理

窄带氧传感器（氧化锆式）主要由导入排气孔罩、锆管、电极、弹簧、绝缘支架、接线端子、排气管壁等组成，如图 1-1-27 所示。

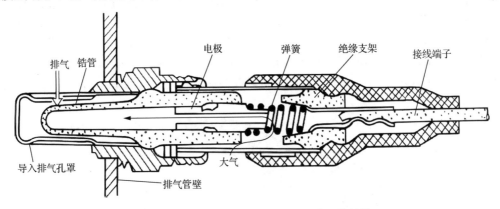

图 1-1-27　窄带氧传感器（氧化锆式）的结构

窄带氧传感器（氧化锆式）的基本工作原理（图 1-1-28）：在高温与铂催化条件下，利用氧化锆内外两侧的氧浓度差产生电位差，且浓度差越大，电位差越大。大气中的氧含量约为 21%，浓混合气燃烧后的排气中含氧量极低，稀混合气燃烧后或因缺火产生的排气中则含有较多的氧，但仍低于大气中的水平。在高温及铂的催化作用下，带负电的氧离子会吸附在氧化锆套管的内外表面上。由于大气中的氧气比排气中更多，套管上与大气相通一侧将吸附更多的负离子，从而形成明显的浓度差，并产生电动势。当混合气稀时，排气中的氧含量较高，传感器内外两侧的氧浓度差小，此时产生的电动势很小（接近0V）。相反，当混合气浓时，排气中几乎不含氧，这使得传感器内外两侧的氧浓度有很大的差异，此时产生的电动势相对较大（约1V）。

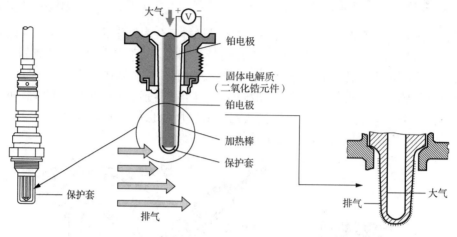

图 1-1-28　窄带氧传感器（氧化锆式）的工作原理

动画 1-1-13　氧化锆式氧传感器的结构　　　　动画 1-1-14　氧化锆式氧传感器的工作原理

（2）宽带氧传感器的结构及工作原理

随着人们环保意识的不断增强和汽车排放法规的日益严格，传统的开关型氧传感器已无法满足高排放标准的要求。这种传感器仅能指示混合气浓稀的两种状态，而无法反映浓稀的程度，取而代之的是控制精度更高的宽带氧传感器（universal exhaust gas oxygen sensor，UEGOS）。宽带氧传感器多安装在三元催化转换器前，插头一般为6脚，对混合气体的调整更精确、精细。宽带氧传感器的基本结构如图 1-1-29 所示，主要由单元泵、能斯托单元、氧传感器加热器、外界空气通道、测量室、放氧通道等组成。

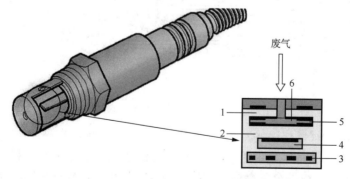

1—单元泵；2—能斯托单元；3—氧传感器加热器；4—外界空气通道；5—测量室；6—放氧通道。

图 1-1-29　宽带氧传感器的基本结构

从宽带氧传感器的工作原理图（图 1-1-30）中可以看出，它主要包括以下两部分。

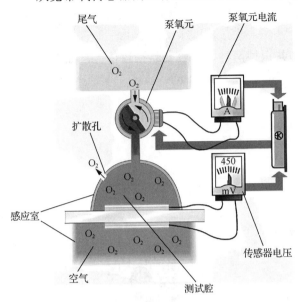

图 1-1-30　宽带氧传感器的工作原理

动画 1-1-15　宽带氧传感器的工作原理

一部分为感应室，其一面与大气接触，另一面为测试腔，通过扩散孔与排气接触，与普通氧化锆式氧传感器类似，由于感应室两侧的氧含量不同，会产生一个电动势 U_s。一般的氧化锆式传感器将此电压作为 ECU 的输入信号，以调节空燃比。但宽带氧传感器有所不同：发动机 ECU 需要保持感应室两侧的氧含量一致，使电压值维持在 0.45V，这一电压仅作为 ECU 的参考标准值，因此还需要另一部分来实现该目标。

另一部分是传感器的关键部件——泵氧元。泵氧元一侧接触排气，另一侧与测试腔相连。它利用氧化锆式氧传感器的反作用原理，将电压施加于氧化锆组件（泵氧元）上，从而促使氧离子移动，将排气中的氧泵入测试腔中，以维持感应室两侧的电压在 0.45V。施加在泵氧元上的变化电压就是该传感器输出的氧含量信号。当混合气过浓时，排气中的含氧量下降，此时从扩散孔溢出的氧气增多，感应室的电压会升高。

为达到平衡，发动机 ECU 通过增加控制电流来提高泵氧元的泵氧效率，从而增加测试腔的氧含量，使感应室的电压恢复至 0.45V。相反，当混合气过稀时，排气中的含氧量增加，氧会从扩散孔进入测试腔，感应室的电压也会降低。此时，泵氧元向外排出氧气，以平衡测试腔内的含氧量，使感应室的电压维持在 0.45V。

总而言之，加在泵氧元上的电压可以确保在测试腔内的氧气过多时，将其排出，这时发动机 ECU 的控制电流为正；当测试腔内的氧不足时，进行供氧，此时发动机 ECU 的控制电流为负。上述过程中供给泵氧元的电流反映了排气中的剩余空气含量系数。

（二）爆燃传感器

1. 功用

爆燃传感器（图 1-1-31）的主要作用是检测发动机的爆燃信号，并将振动信号转化成电信号传输至 ECU，控制点火时刻，防止爆燃，有爆燃则推迟点火时刻，无爆燃则提前点火时

图 1-1-31　爆燃传感器

刻，使点火时刻在任何工况下都保持最佳值。

2. 类型及安装位置

爆燃传感器主要分为非共振型和共振型两种，一般安装在缸体上，如图 1-1-32 所示。

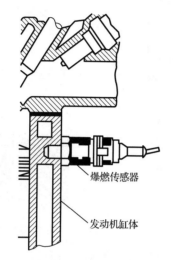

图 1-1-32　爆燃传感器的安装位置　　　　动画 1-1-16　爆燃传感器的类型

非共振型爆燃传感器：爆燃时，传感器输出电压不大，具有平缓的输出特性，需将信号送至滤波器中识别是否发生爆燃，适用范围广。

共振型爆燃传感器：传感器的固有振动频率与发动机的爆燃频率相同，爆燃时，发生谐振，输出电压信号最大，无须使用滤波器即可识别爆燃。共振型爆燃传感器又分为磁滞伸缩式和压电式。

3. 结构及工作原理

（1）磁滞伸缩式爆燃传感器的结构及工作原理

磁滞伸缩式爆燃传感器的结构如图 1-1-33 所示。当发动机振动时，铁心振动偏移，线圈内产生感应电动势，输出电压信号，其大小与振动频率有关，爆燃时发生谐振，输出最大信号。

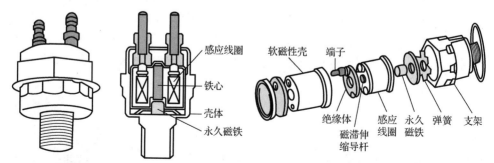

图 1-1-33　磁滞伸缩式爆燃传感器的结构

（2）压电式爆燃传感器的结构及工作原理

图 1-1-34 所示为压电式爆燃传感器的结构，其压电片的形状有薄长方形和圆片形两种。

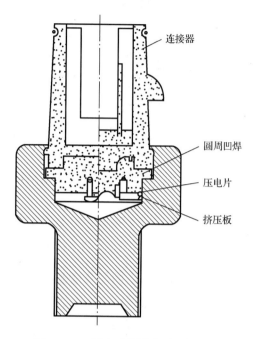

图 1-1-34　压电式爆燃传感器的结构

图 1-1-35 和图 1-1-36 所示分别是薄长方形和圆片形的压电片。薄长方形压电片的一端固定在传感器的壳体上，构成单端固定的梁氏结构，通过改变伸出臂长和壁厚即可调整其固有振动频率，可实现小范围的误差控制，采用叠片结构可提高传感器的灵敏度。圆片形压电片将压电陶瓷圆片贴在金属板上，同时将金属板固定在传感器壳体上。采用这种结构，仅用一个压电片就能获得输出信号，但装配后压电片的固有振动频率无法进行调整，故需严格控制制作误差。

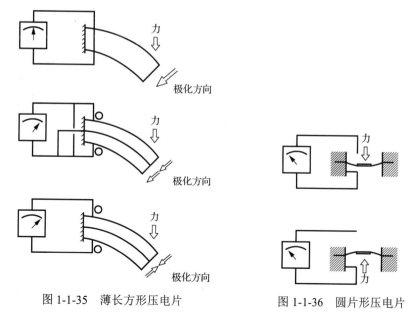

图 1-1-35　薄长方形压电片　　　　　　图 1-1-36　圆片形压电片

如图 1-1-37 所示，压电片为一端固定的悬梁结构，在临界爆燃时，压电片形成谐振，输出电压最大。

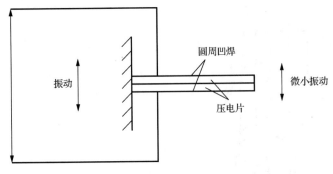
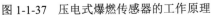

图 1-1-37　压电式爆燃传感器的工作原理

动画 1-1-17　爆燃传感器的结构

任务实施

1. 主要内容及目的

1）能识别传感器，并确认其在实车上的安装位置；
2）掌握检查传感器功能的基本方法；
3）通过小组分工、协作，制定检查方案。

2. 技术标准及要求

1）按照传感器的作用及功能进行位置查找；
2）按照仪器操作规范，正确读取传感器相关数据。

3. 实训设备与器材

整车 4 辆，汽车诊断仪 4 套，维修工具 4 套。

4. 操作步骤及工作要求

1）做好车辆的安全防护；
2）按手册或电路图进行传感器位置的确认；
3）结合实物位置说明传感器的作用；
4）正确连接故障诊断仪，如视频 1-1-9 所示；
5）读取传感器相关数据；
6）分析所读取的数据并记录结论；
7）给出维修建议。

视频 1-1-9　汽车通用
诊断仪的使用-
以 KT600 为例

任务二 传感器电路查询及检测

任务描述

正确的传感器电路查询及检测十分重要,通过电路查询及检测可以发现传感器自身或其电路的故障,为后续的维修提供支撑。本任务要求,在确认传感器功能异常之后,在确保元器件正常的情况下,对传感器的电路进行查询及检测。

相关知识

一、传感器电路查询

传感器电路查询主要通过查阅电路图(维修手册)进行。根据维修手册的目录,可以找到相应的传感器信息。以迈腾轿车电控发动机传感器为例,该轿车发动机主要传感器的查询方法如视频1-2-1所示。

视频1-2-1 主要传感器电路查询

二、传感器电路检测

传感器电路主要借助万用表进行检测,通常为在线检测,同时也可借助示波器测试传感器信号(示波器的使用方法如视频1-2-2所示)。下面重点介绍电控发动机主要传感器的电路及其检测。

视频1-2-2 示波器的使用

（一）曲轴位置传感器电路及其检测

图1-2-1所示为迈腾霍尔式曲轴位置传感器电路。

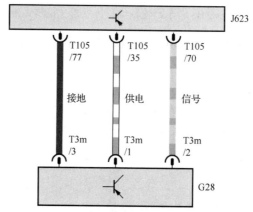

T3m—3芯插头连接,棕色;
T105—105芯插头连接,黑色;
J623—发动机LECU;
G28—发动机转速传感器。

图1-2-1 迈腾霍尔式曲轴位置传感器电路

在该电路中，传感器 1 号端子为供电端，2 号端子为信号端，3 号端子为接地端。

检测过程如视频 1-2-3 所示：

1）供电端对地电压测试，正常应为 5V（即接近蓄电池电压）；

2）接地端对地电压测试，正常应为 0V 左右；

3）信号端对地电压测试，正常应为 0～5V 变化的高低电压。

视频 1-2-3　曲轴位置传感器及控制电路检测

（二）凸轮轴位置传感器电路及其检测

图 1-2-2 所示为大众迈腾 B8 轿车凸轮轴位置传感器（霍尔式传感器）电路。两个霍尔式传感器分别为进气侧的 G40 与排气侧的 G300，其中排气侧 G300 与曲轴位置传感器（发动机转速传感器）G28 互为替补，若两者信息同时丢失，则会导致发动机无法起动，若两者中的某个信息丢失，则可能引起发动机起动困难。

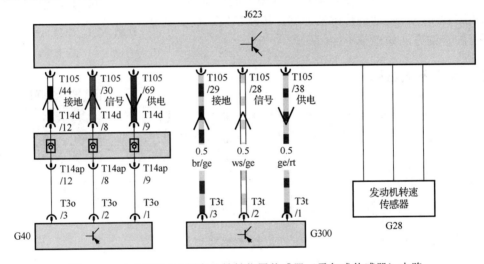

图 1-2-2　大众迈腾 B8 轿车凸轮轴位置传感器（霍尔式传感器）电路

在该电路中，霍尔式传感器 G40 和 G300 的 1 号端子为供电端，2 号端子为信号端，3 号端子为接地端。

检测过程如视频 1-2-4 所示：

1）供电端对地电压测试，正常应为 5V 左右；

2）接地端对地电压测试，正常应为 0V 左右；

3）信号端对地电压测试，正常应为 0～5V 变化的高低电压。

视频 1-2-4　凸轮轴位置传感器及控制电路检测

（三）节气门位置传感器电路及其检测

节气门位置传感器电路如图 1-2-3 所示。2 号端子为传感器公共供电端，6 号端子为传感器公共接地端，1 号、4 号端子分别为两个传感器的信号端。

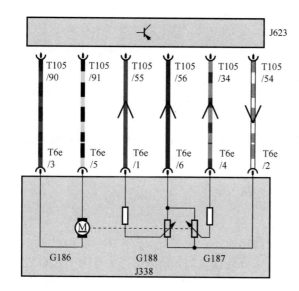

G187—电控节气门操纵机构的节气门
驱动装置角度传感器1;
G188—电控节气门操纵机构的节气门
驱动装置角度传感器2;
J338—节气门控制单元;
J623—发动机ECU。

图 1-2-3 节气门位置传感器电路

检测过程如视频 1-2-5 所示:

1) 供电端对地电压测试,正常应为 5V 左右;

2) 接地端对地电压测试,正常应为 0V 左右;

3) 信号端对地电压测试,正常应为 0~5V 变化的高低
电压。

视频 1-2-5 节气门位置
传感器及控制电路检测

（四）空气流量传感器电路及其检测

以卡罗拉轿车为例,该车空气流量传感器电路如图 1-2-4 所示。当发动机控制模
块的 A44（MREL）端子输出高电平信号时,主继电器线圈得电,主触点闭合。其中,
3 号端子为空气流量传感器的供电端子,4 号端子接地,5 号端子为空气流量传感器
输出信号端子。

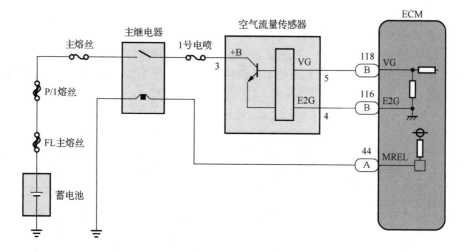

图 1-2-4 卡罗拉轿车空气流量传感器电路

检测过程如下。

1. 空气流量传感器电源电压测量

1）断开空气流量传感器插接器 B2；
2）将点火开关转到 ON（IG）位置；
3）测量电压，如图 1-2-5 所示。

空气流量传感器电源主要用于给其中的热线供电，正常情况下测得线束侧+B 端子与车身接地间的电压应为 9～14V。

2. 空气流量传感器信号电压（VG 电压）测量

1）断开空气流量传感器插接器 B2；
2）在端子+B 和 E2G 之间施加蓄电池电压；
3）将万用表"+"极测试探头与端子 VG 连接，"–"极测试探头与端子 E2G 连接；
4）测量信号电压，如图 1-2-6 所示。

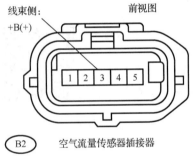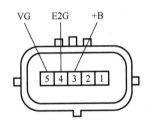

图 1-2-5　测量空气流量传感器电源电压　　　图 1-2-6　测量空气流量传感器信号电压

正常情况下，空气流量传感器的信号电压（即 VG-5 和 E2G-4 之间的电压）应在 0.2～4.9V 变化。

3. 空气流量传感器与发动机控制模块之间的连接检查

1）断开空气流量传感器插接器 B2；
2）断开发动机控制模块（engine control module，ECM）插接器；
3）检查空气流量传感器与 ECM 之间的连接，如图 1-2-7 所示，并根据表 1-2-1 测量电阻。

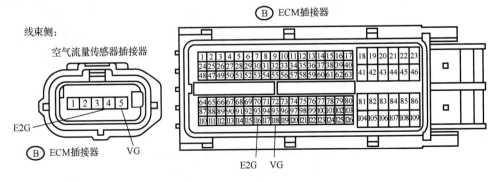

图 1-2-7　检查空气流量传感器与 ECM 之间的连接

表 1-2-1 标准电阻

分类	测试仪连接	规定条件
标准电阻（检查是否存在断路）	VG（B2-5）—VG（B-118）	低于 1Ω
	E2G（B2-4）—E2G（B-116）	
标准电阻（检查是否存在短路）	VG（B2-5）或（B-118）—车身接地	10kΩ 或更高

4. 空气流量传感器接地情况检查

1）断开空气流量传感器插接器 B2；

2）检查空气流量传感器的接地情况，如图 1-2-8 所示，测得 E2G（B2-4）与车身接地间的电阻值应低于 1Ω。

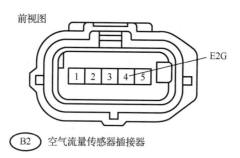

图 1-2-8 检查空气流量传感器的接地情况

（五）温度传感器电路及其检测

发动机温度传感器主要分为冷却液温度传感器和进气温度传感器两种。以桑塔纳 AJR 发动机为例，其冷却液温度传感器电路和进气温度传感器电路分别如图 1-2-9 和图 1-2-10 所示。其中冷却液温度传感器为四线式（1 号、2 号、3 号端子分别为传感器供电端、接地端、信号端，其中 1 号端子既是供电端也是信号端，2 号、4 号端子向仪表反馈温度信息）；进气温度传感器的 1 号端子为供电端及信号端，2 号端子为接地端。图 1-2-11 所示为温度传感器与发动机 ECU 的内部连接电路。

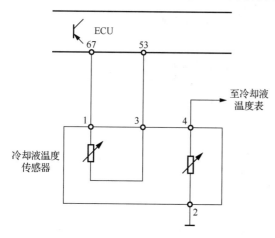

图 1-2-9 冷却液温度传感器电路

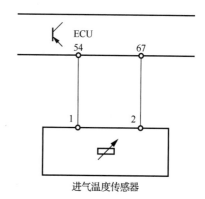

图 1-2-10 进气温度传感器电路

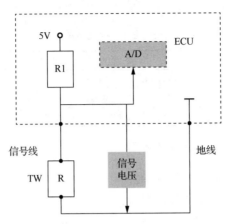

图 1-2-11 温度传感器与发动机 ECU 的内部连接电路

检测过程如下（以进气温度传感器为例）：

检测信号电压（测量传感器 1 号引脚与搭铁间的电压）：接通点火开关，正常情况下，信号电压应在 0.5～3V 变化，若不符合要求，则依次进行以下测试。

1）测试电源电压（断开插接器，接通点火开关，测量传感器 1 号引脚与搭铁间的电压，应为 5V 左右）。若不符合要求，则检查 ECU 5 号引脚与传感器 1 号引脚之间的线束电阻及 ECU 供电电路。

2）测试线束电阻（测量传感器 2 号引脚与 ECU 67 号引脚间的线束电阻）。若正常，则检查传感器本身。

3）元件电阻测试（随着温度的变化，传感器电阻也相应发生变化）。

进气歧管压力/温度传感器及控制电路检测过程如视频 1-2-6 所示。

视频 1-2-6 进气歧管压力/温度传感器及控制电路检测

（六）氧传感器电路及其检测

以迈腾 B8 轿车为例，该轿车的三元催化转换器的前后各安装一个氧传感器，前面安装的是加热型宽带氧传感器 G39，后面安装的是加热型窄带氧传感器 G130，如图 1-2-12 所示。迈腾 B8 轿车氧传感器电路如图 1-2-13 所示。

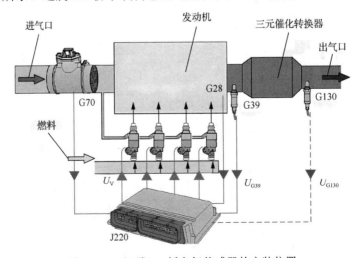

图 1-2-12 迈腾 B8 轿车氧传感器的安装位置

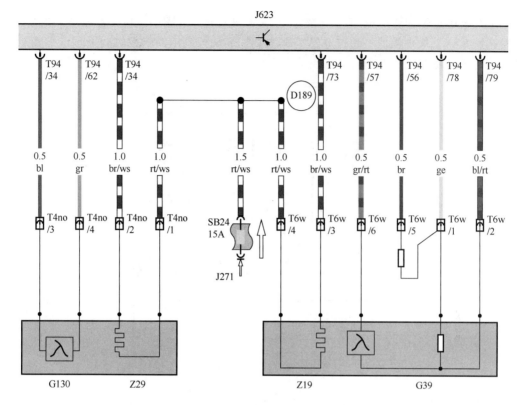

G130—尾气三元催化转换器后的氧传感器；Z29—尾气三元催化转换器后的氧传感器的加热装置；

G39—前氧传感器；Z19—前氧传感器的加热装置。

图 1-2-13　迈腾 B8 轿车氧传感器电路

1. 后氧传感器及电路检测

迈腾 B8 轿车的后氧传感器插接器共有 4 个端子，T4no/1 和 T4no/2 之间为该后氧传感器的加热线圈，T4no/1 连接正极供电线路，蓄电池电压经继电器 J271 和熔丝 SB24 供电。T4no/2 为加热线圈负极端子，通过发动机 ECU 控制搭铁。T4no/3、T4no/4 端子连接传感器信号线。

（1）信号检测

关闭点火开关，连接示波器，正、负极检测探针分别连接至后氧传感器 T4no/3、T4no/4 端子。起动发动机，冷却液温度达到正常值后，以尽可能高的速度均匀踩踏和放松加速踏板，制造混合气过稀或过浓的情况，观察后氧传感器信号的变化是否符合要求。

一般可从 3 个方面检查氧传感器的好坏：最高电压、最低电压和响应时间。

良好的氧传感器信号最高电压应大于 850mV，最低电压应为 75～175mV，从稀到浓或从浓到稀的反应时间应小于 100ms，任何一个方面不满足要求，均应更换氧传感器。

可采用急加速方法对后氧传感器进行测试。首先将发动机运转至正常温度并怠速运转，在 2 秒内从怠速加速至节气门完全打开（不要超过 4000r/min），再立即放开加速踏板，使节气门全关，重复这个过程 5～6 次，即可得到如图 1-2-14 所示波形。其中上升波形是急加速造成的，下降波形是急减速造成的，图中氧传感器波形的最大幅值超过 0.8V，最小幅值不超过 0.2V，从浓到稀或从稀到浓的响应时间不超过 100ms，故该传感器良好。

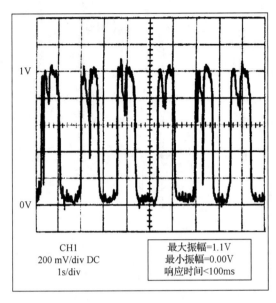

图 1-2-14　后氧传感器的信号波形

（2）加热线圈电阻检测

断开氧传感器插接器，测量 T4no/1 和 T4no/2 之间的电阻，室温下应为 1～5Ω，该值随着温度的变化而变化。

（3）加热线圈供电电压检测

断开氧传感器插接器，起动发动机并空载运行，测量氧传感器 T4no/1 号端子与搭铁之间的电压，应与蓄电池电压相同。

关闭点火开关，测量 T4no/2 端子与车身搭铁之间的电阻值。若电阻值小于 1Ω，则表示电压正常；否则，检查线路和发动机 ECU。

2. 前氧传感器及电路检测

迈腾轿车的前氧传感器采用宽带氧传感器，具备更精确的调整能力，通过单元泵的工作，它可以将尾气中的氧气吸入测量室，而单元泵所消耗的电流则转化为传递给 ECU 的电信号。前氧传感器的插头配有 6 个端子，安装在发动机舱前支架上，如图 1-2-15 所示，由图 1-2-13 可知，T6w/4 和 T6w/3 之间为该前氧传感器的加热线圈，T6w/4 连接正极供电电路，T6w/3 连接 ECU T94/73 端子，通过发动机 ECU 控制搭铁。T6w/5 和 T6w/6 端子是参考电压输入端，参考电压应为 5V。端子 T6w/1 是信号输出端，端子 T6w/2 是泵电流输入端，泵电流输入随混合气的变化而变化。

图 1-2-15　前氧传感器插头的安装位置及端子

（1）信号检测

利用示波器读取波形，检测方法与后氧传感器相同。

前氧传感器的输出电压信号应为 1.0～2.0V，当电压值大于 1.5V 时，混合气过稀（氧多）；当电压值小于 1.5V 时，混合气过浓（氧少）。当急加速或急减速时，电压可能会到 0.8V 与 4.9V。当电压值恒为 0V、1.5V 或 4.9V 时，表明前氧传感器电路有故障。

（2）参考电压检测

打开点火开关，利用万用表测量 T6w/5 和 T6w/6 端子电压，电压值应为 5V 左右，否则检查电路和发动机 ECU。

（3）加热线圈检测

前氧传感器加热线圈的检测方法与后氧传感器相同，这里不再赘述。

（4）线路导通性检测

断开导线两端的电器插接器，检查导线是否导通或电阻是否小于 1Ω，以判断导线是否断路或虚接。不同导线间的电阻应为无穷大，否则说明导线存在短路情况。

氧传感器及控制电路检测如视频 1-2-7 所示。

🔧 任务实施

视频 1-2-7　氧传感器
及控制电路检测

1. 主要内容及目的

1）掌握传感器电路的特点及电路图的查询方法；
2）掌握主要传感器的电路检测方法；
3）通过小组分工、协作，制定检测方案。

2. 技术标准及要求

1）按照提供的指定车型的维修手册（电路图）查找传感器电路；
2）按照万用表等在线测试设备的操作规范，正确测试传感器的各种信号。

3. 实训设备与器材

整车 4 辆，数字万用表 4 台，示波器 4 台，维修工具 4 套。

4. 操作步骤及工作要求

1）做好车辆的安全防护；
2）按维修手册或电路图进行传感器电路查询；
3）结合维修手册或电路图分析传感器电路；
4）正确操作万用表或示波器进行在线测试；
5）对测试数据进行适当分析、评价。

任务三　传感器故障诊断与分析

🧰 任务描述

电控发动机传感器发生故障时，仪表盘通常会亮起相关故障灯进行提示，这些故障可能会导致发动机工作性能异常。本任务要求结合故障现象（发动机外在症状表现、内在仪表显示情况）、故障码、相关数据流进行系统诊断，辅之以在线测试，确定故障点，并对故障机理进行分析。

⚙️ 相关知识

一、故障诊断相关基础知识

（一）故障诊断技术现状

国外在汽车电控发动机故障诊断理论和技术方面起步较早，并研发出一系列专用检测设备。随着计算机技术和电子技术的不断发展，传感器、执行器、通信技术日益成熟，为汽车故障诊断方法提供了坚实基础。1985 年，美国加州出现第一代车载诊断（on-board diagnostics，OBD）标准，但由于各汽车制造商在检测流程、诊断系统和维修工具上的差异，OBD 标准未能得到推广。1989 年，美国首次将神经网络应用于汽车故障诊断，实现了快速诊断。1994 年，美国推出了第二代车载诊断（on-board diagnostics-Ⅱ，OBD-Ⅱ）标准，统一了各汽车制造商的检测流程、诊断系统和维修工具，成为汽车工业的重要自诊断标准。随着网络通信技术及计算机技术的不断发展，基于汽车故障案例数据库的查询方法能够帮助人们快速识别故障类型并获得处理方案。此外，国外还推出了智能化专家诊断系统，对电控发动机故障的快速、精准诊断具有重要意义。相比之下，我国电控发动机故障诊断技术起步较晚，但随着计算机技术、通信技术、电子技术和汽车工业的不断发展，我国在该领域也取得了显著进步。

（二）仪器诊断

电控发动机结构比传统发动机更为复杂，故障检测难度也更高。传统的检测方法已无法满足电控发动机的故障诊断需求，需要借助专业诊断仪器进行分析。通过诊断仪器，无需拆卸汽车零部件，仅需检测相关部位的故障参数，便可获得汽车的性能曲线，并由系统自动分析和诊断发动机的故障问题，提升检测效率和准确性。

汽车专用诊断仪的使用如视频 1-3-1 所示。

视频 1-3-1　汽车专用诊断仪的使用以 6150D 为例

（三）故障自诊断系统

随着电控技术的不断发展，汽车的电子化程度不断提高，高配置汽车通常配备自诊断系统。发生故障时，该系统能够快速定位故障的大致范围，显著降低诊断难度。故障自诊断系统由故障运行控制软件、故障识别软件、监测电路及运行后备电路组成。通过输出故障码，维修人员可以根据车型相关资料进行解码，准确分析故障内容和位置。需要注意的是，电控发动机故障码无法直接读取。在读取之前，应先检查发动机的基本怠速和基本点火正时，确保发动机处于待检状态。使用故障自诊断系统时，需借助对应车型的技术资料，充分了解电控元件的结构参数、工件性能参数、故障码读取方法及解码方式，以确保诊断准确性和维修效率。

二、电控发动机传感器常见故障及诊断

对于现代汽车，当发生故障时，需要快速诊断并正确处理。虽然依靠电子元件和专业汽车故障检测仪器可以判断故障的原因和位置，但由于传感器的灵敏度或执行器线路存在问题时，可能出现电控系统故障码记录异常，从而影响诊断的准确性。因此，亟需一套合理的诊断技术，以快速、精准、全面地完成故障诊断，提高维修效率和效果。

（一）线路故障及诊断

线路故障在发动机电控系统中较为常见。发动机电控系统由各类传感器和电子元件组成，各部分通过导线相互连接。一旦导线出现问题，可能导致传感器无法正常采集数据或 ECU 指令无法传递至执行器，进而导致发动机运行异常甚至停止工作。线路故障的常见原因包括导线老化、腐蚀、受潮或接触不良。对于传感器而言，线路故障主要表现为断路、短路或虚接3 种形式，其检测方法如视频 1-3-2 所示。

视频 1-3-2 线路故障诊断（断、短、虚）

（二）传感器元件故障及诊断

电控发动机传感器作为精密元件，其故障通常表现为元件被击穿和元件老化两种形式。

1）元件被击穿。元件被击穿一般是由电压过大或元件过热引起的。当异常原因导致电子元件两端电压超过允许值，或发动机长时间运行而热量无法及时散发时，电子元件可能因过热被击穿。电子元件被击穿会导致短路或断路故障。例如，当电子点火控制系统中的元件击穿时，可能导致点火失效，从而导致汽车无法正常起动。

2）元件老化。各种电子元件都有其使用寿命，老化是不可避免的过程。在恶劣工况条件下，如高温、潮湿、严寒或颠簸的路面环境，电子元件的老化速度会显著加快。车辆使用环境越恶劣，行驶里程数越高，由元件老化引发的故障就越多。例如，发动机长时间运转会导致高温，过热容易损伤电子元件，电子元件损伤的积累会引起电子元件功能退化。此外，发动机内部的灰尘或其他杂物若未及时清理，再加上过度潮湿，也可能引发电子元件异常。

在对传感器电子元件进行诊断时，应根据传感器类型采取不同的方法。对于电阻类传感器（如冷却液温度传感器、进气温度传感器和节气门位置传感器等），主要检查其在特定条件下的阻值是否符合标准。此外，还可以采用元件替换法，即用新元件

替换旧元件，重新测试其功能，若功能恢复正常，则说明旧元件存在故障。同时，也可以通过测试元件在不同条件下的阻值变化或在特定条件下的电压表现来评估其性能。

任务实施

1. 主要内容及目的

1）掌握传感器元件的特点及基本工作原理；
2）掌握传感器元件的测试方法；
3）掌握传感器线路故障检测方法；
4）通过小组分工、协作，制定检测方案。

2. 技术标准及要求

1）按照提供的指定车型的维修手册（电路图）查找传感器电路；
2）按照万用表等在线测试设备的操作规范，正确测试传感器的各类参数。

3. 实训设备与器材

整车4辆，传感器元件4套，万用表及诊断仪器4套，示波器4台，维修工具4套。

4. 操作步骤及工作要求

1）做好检测前的安全防护；
2）通过自诊断确定故障元件或线路；
3）分析故障传感器及电路；
4）对相关线路、元件进行在线测试；
5）确认故障位置并修复；
6）对故障机理进行分析。

项目二　执行器故障诊断与维修

项目概述

　　电控发动机执行器的主要作用是通过一系列安装在发动机上的电子装置,在发动机 ECU 接收到相关传感器信号后,输出控制指令,进而调节怠速阀、燃油泵、喷油器、点火线圈(点火控制器)、排放控制阀等部件的工作。电控发动机执行器通常由ECU 控制,通过电磁线圈的搭铁回路实现执行功能,也有部分执行器由 ECU 控制的电子控制部件(如电子点火控制器)来驱动。本项目主要介绍燃油供油系统、进气系统、排气系统、点火系统等主要执行器故障的诊断与维修。

学习目标

知识目标	能力目标	思政要素和职业素养目标
1. 了解执行器的主要结构特点及工作原理; 2. 掌握从电路图和端子视图中找出执行器相关信息的方法; 3. 掌握测量燃料泵相关继电器或油泵控制电路的工作电压、线圈电阻及触点导通情况的方法; 4. 掌握测量喷油器的工作电压和电阻的方法; 5. 掌握测量 EGR 控制阀的工作电压和电阻的方法; 6. 掌握测量相关电磁阀、跨接后电子元件、仪表指标灯的工作电压的方法; 7. 掌握测量及维修进气、点火相关电路的方法	1. 能根据操作要求,做好静电防护措施,并正确断开执行器的插接器; 2. 能根据电路图和端子视图找出执行器对应引脚的线束并判断其是否需要检修或更换; 3. 能使用仪器仪表测量燃料泵继电器的工作电压、线圈电阻及触点导通情况,并判定其是否需要检修或更换; 4. 能使用仪器仪表测量喷油器、EGR 控制阀的工作电压和电阻,并判断其是否需要检修或更换; 5. 能使用仪器仪表测量相关电磁阀、跨接后电子元件的工作电压,并判断其是否需要检修或更换; 6. 能使用仪器仪表进行相关执行元件的动作测试,并判断其是否需要检修或更换	1. 发扬一丝不苟、精益求精的工匠精神; 2. 感受中国制造,激发民族自豪感

任务一　燃油供油系统执行器故障诊断与维修

任务描述

　　电控发动机燃油供油系统执行器主要指电动燃油泵及喷油器,本任务要求对常见车型的燃油泵喷油器及其控制电路进行分析及故障诊断。

相关知识

一、电动燃油泵基本知识

　　电动燃油泵是电控燃油喷射发动机的关键部件之一,通常由小型直流电动机驱动。其主要功能是从油箱中吸取燃油，经过加压后将其输送至管路，并与燃油压力调节器配合，确保系统内建立合适的燃油压力。

（一）电动燃油泵的结构与工作原理

电动燃油泵根据安装形式可分为油箱外置型和油箱内置型两种。油箱外置型电动燃油泵安装在油箱外，并串联在输油管上。例如，奔驰 126 底盘的多款车型就采用了外置型电动燃油泵。油箱内置型电动燃油泵则安装在油箱内部，浸泡在燃油中，这样不仅能够有效防止气阻和燃油泄漏，还能降低噪声。此外，油箱内置型电动燃油泵通常配有一个小油箱，将燃油泵放在小油箱中，以避免在燃油不足、汽车转弯或倾斜时，燃油泵吸入空气并产生气阻。当前，大多数电控燃油喷射系统都采用油箱内置型电动燃油泵。油箱外置型电动燃油泵通常为滚柱式燃油泵；而油箱内置型电动燃油泵主要为涡轮式燃油泵，也可以采用滚柱式燃油泵。

无论是油箱外置型电动燃油泵还是油箱内置型电动燃油泵，其结构基本相同，均由壳体、电枢和泵体等主要部件组成，如图 2-1-1 所示。当电动机通电时，驱动泵体旋转，吸取燃油并通过进油口，将燃油从泵体内部压出，通过出油口供给燃油系统。燃油在泵内流动的同时，还对电动机电枢进行冷却。电动燃油泵的电动机部分包括固定在壳体上的永久磁铁和电枢（产生电磁力矩），以及安装在壳体上的电刷装置。电刷与电枢上的换向器相接触，并通过引线将控制电动燃油泵电压的信号传递至电枢绕组。电动燃油泵的外壳两端通过卷边铆接方式固定，确保各部件组装成一个不可拆卸的整体。

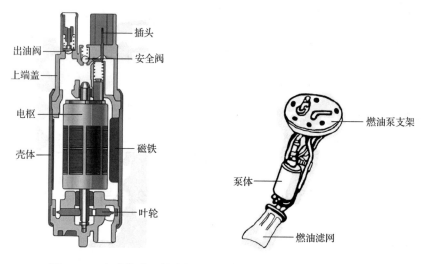

图 2-1-1　电动燃油泵的结构及安装图（以涡轮式燃油泵为例）

燃油在进入燃油泵前，需先经过燃油滤网进行杂质过滤。为确保燃油系统正常运作，燃油滤网应定期清洗。若滤网太脏，则可能使燃油系统压力降低，喷油器供油不足，从而影响汽车高速行驶或急加速时的动力表现和加速能力。此外，如果滤网处发生堵塞，可能意味着油箱中的沉积物或水分过多，建议拆下油箱进行彻底清洗。

动画 2-1-1　燃油泵的类型

此外，燃油泵还配有安全阀和单向阀。

1）安全阀可以避免燃油管路出现阻塞时压力过高造成油管破裂或燃油泵损坏。

2）单向阀（出油阀）可在发动机熄火后密封油路，使燃油管路中保持一定压力，以使发动机下次起动（特别是热起动）时更加容易。

在检查燃油系统压力的稳定性时，应重点检查安全阀和单向阀。以奔驰 320 为例，检测安全阀时，用油压表测得的油压应为 372.3～420.6kPa，如果高于或低于该标准，则说明安全阀可能存在故障（堵塞或卡滞）。检测单向阀时，将压力表连接到燃油系统的检测接头，起动发动机并正常运转几分钟后关闭，然后观察压力表的读数。如果 30min 后油压仍在 250kPa 以上，则说明单向阀工作正常；如果油压在 30min 内快速下降，则说明燃油泵单向阀故障，应更换；如果油压在 30min 内降至 250kPa 以下且下降速度较慢，则需检查喷油器及油压调节器是否存在泄漏。

（二）电动燃油泵及控制电路的检修

由于不同车系的燃油泵控制电路存在差异，因此检查方法和步骤有所不同，但基本的检查思路是一致的。下面以迈腾 B7 轿车发动机燃油泵控制电路的检测过程为例进行说明。

1. 低压燃油泵控制电路的检测

迈腾 B7 轿车发动机的低压燃油泵控制电路图如图 2-1-2 所示。G 和 G6 分别表示燃油存量传感器和低压燃油泵，燃油泵 G6 由燃油泵 ECU J538 控制。J538 的 T10p/1 和 T10p/3 端子为燃油泵 ECU 的供电端子，分别给 J538 提供 30V 正电及 15V 正电。T10p/5 和 T10p/6 端子均为接地连接端子。T10p/2 端子连接发动机 ECU J623，接收其控制信号。T10p/7 端子连接车载电网 ECU，接收驾驶员侧车门开关信号，触发燃油泵工作 2s。此外，J538 在电源及搭铁正常的情况下，受控于 J623 和 J519，负责燃油泵的运行。在点火开关开启、车门打开或发动机起动时，J538 会输出控制信号以起动燃油泵。T10p/4 和 T10p/8 端子与仪表连接，并将油位等信息传递给仪表。

若燃油泵不工作或工作不正常，则可按下述步骤进行检查。

1）当打开点火开关或打开车门时，燃油泵应开始运转。如果通过解码器的元件测试功能以及起动时发现燃油泵未运转，则说明燃油泵本身、燃油泵 ECU 和相关线路均正常。在这种情况下，应重点检查燃油泵 ECU 是否接收到发动机 ECU 的控制信号。可以使用示波器测试 J538 的 T10p/2 端子的对地波形，正常情况下应为 0～12V 变化的脉宽信号且信号频率随转速变化；若信号异常，则故障可能出在 J623 与 J538 之间的线路、J623 或 J538 本身。

迈腾 B7 轿车的电动燃油泵安装在后排座位的下方，燃油泵 ECU J538 安装在电动燃油泵上面，如图 2-1-3 所示。拔下 J538 插头，观察各引脚，如图 2-1-4 所示。

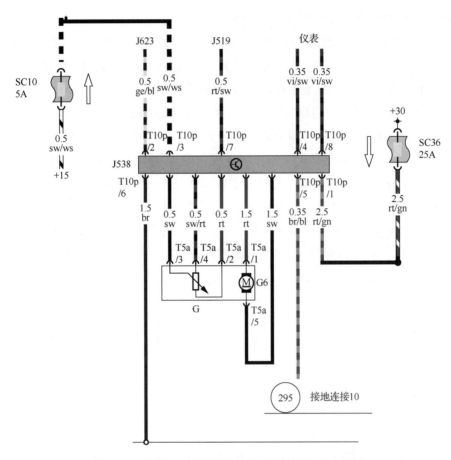

图 2-1-2　迈腾 B7 轿车发动机的低压油泵控制电路图

图 2-1-3　燃油泵 ECU J538

图 2-1-4　燃油泵 ECU J538 插头

2）当打开点火开关、拉开车门、执行元件测试或起动发动机时，如果燃油泵未工作，则说明燃油泵及其控制电路存在故障。首先检查燃油泵两端的供电（点火开关由 OFF 到 ON 时，供电端电压应从 0 至+B 变化），若供电正常，则可能是燃油泵本身故障；若供电异常，则需重点检查 J538 电源电路，包括供电及搭铁检查。

2. 高压供油系统的检测

燃油压力调节阀安装在燃油泵上，如图 2-1-5 所示。

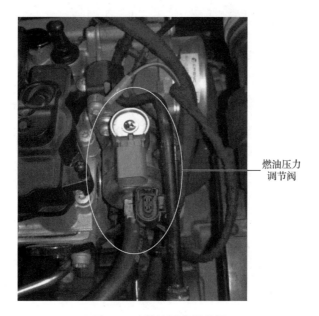

图 2-1-5   燃油压力调节阀

（1）控制信号测试

将示波器正极连接到信号输出线上，示波器负极搭铁，如图 2-1-6 所示。燃油压力调节阀的控制信号应为一个脉冲频率信号，如图 2-1-7 所示。如果信号异常或无信号，则应进一步检查控制电路的导通性及 ECU 的工作状况。

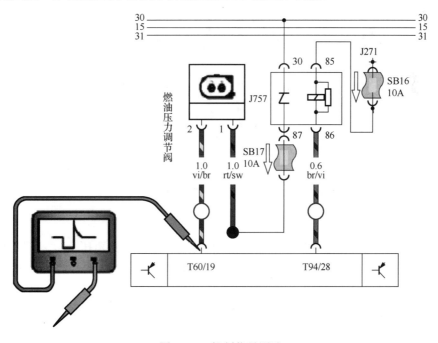

图 2-1-6   控制信号测试

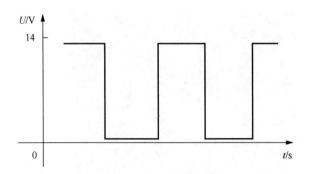

图 2-1-7 控制脉冲信号

（2）电路导通性测试

拔下燃油压力调节阀插头和 ECU 插接器，测量 N276 的 2 号端子和发动机 ECU J623 的 T60/19 之间的电阻，导通电阻应小于 1Ω，否则说明电路存在断路或虚接问题，如图 2-1-8 所示。同时测量不同电路间的电阻，应为无穷大，否则说明有短路情况。

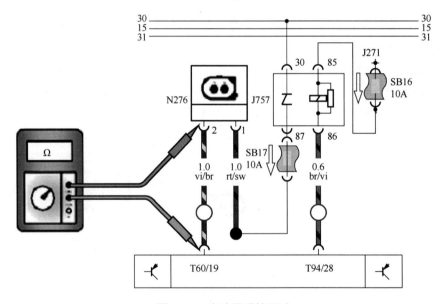

图 2-1-8 电路导通性测试

（3）供电电路检查

打开点火开关，测量 N276 的 1 号端子的电压，应与电源电压一致，否则说明供电电路存在故障，需要进一步检查。重点检查 SB17、发动机部件供电继电器 J757、主继电器 J271 等元器件及相关电路是否存在故障。

 拓展知识

1）迈腾 B8 燃油泵控制电路图如图 2-1-9 所示，故障检修案例如视频 2-1-1 所示。

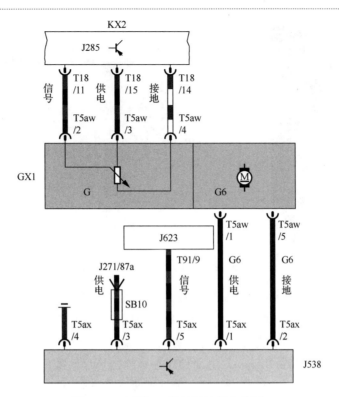

图 2-1-9 迈腾 B8 燃油泵控制电路图

2）卡罗拉汽油泵控制电路如动画 2-1-2 所示。

视频 2-1-1 迈腾 B8 燃油泵控制电路　　　　动画 2-1-2 卡罗拉汽油泵
故障检修案例　　　　　　　　　　　　控制电路

二、喷油器及控制电路相关基本知识

喷油器是电控发动机燃油喷射系统中的关键执行器，它根据来自发动机 ECU 的信号，精确控制燃油喷射量。电控喷油器是一种精密元件，具有高加工精度，要求其动态流量范围广、雾化效果好并具备强大的抗堵塞、抗污染能力。多点燃油喷射系统和单点燃油喷射系统通常采用电磁式喷油器。

（一）电控喷油器的结构

当前，大部分轿车采用的是多点喷射喷油器。喷油器按照其喷油口的形状可分为轴针式、球阀式和片阀式 3 种。本书重点介绍轴针式喷油器。图 2-1-10 所示为轴针式喷油器的外形及内部结构。

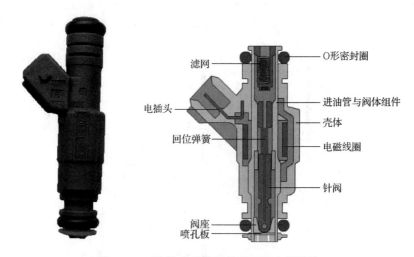

图 2-1-10　轴针式喷油器的外形及内部结构

　　轴针式喷油器主要由壳体、针阀及根据喷油脉冲信号产生电磁吸力的电磁线圈等组成。当电磁线圈未通电时，喷油器内的针阀被回位弹簧压在喷油器出口处的密封锥形阀座上。当电磁线圈通电时，产生磁场吸动动铁心（套在针阀上）上移，从而带动针阀从阀座座面上升约 0.1mm，进而使燃油从精密环形间隙中流出。为使燃油充分雾化，针阀前端设计为喷油轴针形式。喷油器吸动及下降时间为 1～1.5ms，桑塔纳、红旗、富康、本田雅阁及丰田皇冠等系列轿车通常采用轴针式喷油器。

（二）电控喷油器的控制原理

　　发动机 ECU 可通过控制喷油器的电源或搭铁实现对喷油器的控制。图 2-1-11 所示为喷油器控制原理图。目前大部分轿车发动机 ECU 采用搭铁控制模式。

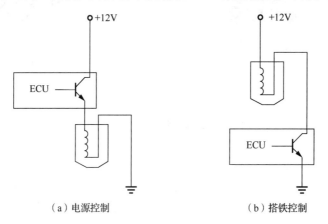

图 2-1-11　喷油器控制原理图

　　在搭铁控制模式中，发动机 ECU 是通过控制喷油器的搭铁信号实现对喷油器的控制的。在发动机运行过程中，发动机 ECU 根据各传感器输入的信号，确定合适的喷油时刻和喷油脉冲宽度，并向喷油器提供搭铁信号以启动喷油，切断搭铁信号则使喷油器停止喷油。喷油量的大小取决于针阀的升程、喷孔的截面面积、燃油系统与进

工　作　页

项目一　传感器故障诊断与维修

任务一　传感器识别及功能检查

<理论习题>

一、单项选择题

1. 迈腾 B8 轿车电控发动机中空气流量传感器是什么类型的？_____
　　A．热线式　　　B．热膜式　　　　C．卡门漩涡式　D．翼板式

2. 针对一个维修案例，甲技师说："曲轴位置传感器损坏一般会导致发动机无法起动。"乙技师说："曲轴位置传感器故障不会导致发动机无法起动。"请问谁说的对？_____
　　A．甲技师对　　B．乙技师对　　　C．两个都对　　　D．两个都不对

3. 霍尔式凸轮轴位置传感器利用_____原理产生相应的电压脉冲信号。
　　A．电磁感应　　B．霍尔效应　　　C．光电感应

4. 如果 ECU 没有接收到节气门定位电位计的信号，节气门体中的_____起作用，此时发动机处于紧急运行状态，怠速转速升高。
　　A．运行弹簧　　B．紧急运行弹簧　C．固定弹簧

5. 绕线电阻式温度传感器利用其电阻随_____变化而变化的特性来检测冷却液温度和进气温度。
　　A．电压　　　　B．电流　　　　　C．温度　　　　　D．压力

6. 在使用三元催化转换器降低排放污染的发动机上，_____传感器是必不可少的。
　　A．温度　　　　B．曲轴位置　　　C．氧　　　　　　D．凸轮轴位置

二、判断题

1. 热线式空气流量传感器的工作原理是：热线温度由混合集成电路保持其温度与吸入空气的温度保持一定差值，当空气质量流量增大时，混合集成电路使热线通过的电流减小。　　　　　　　　　　　　　　　　　　　（　　）

2. 热膜式空气流量传感器的结构和工作原理与热线式空气流量传感器类似，与热线式相比，热膜式发热体的响应性稍差。　　　　　　　　　　　（　　）

3．一般发动机飞轮中的大齿缺输出基准信号，对应发动机气缸 1 或气缸 4 排气上止点前一定角度。　　　　　　　　　　　　　　　　　　（　　）

4．迈腾 B8 轿车中排气侧凸轮轴位置传感器 G300 与曲轴位置传感器（发动机转速传感器）G28 互为替补。　　　　　　　　　　　　　　　（　　）

5．在正常情况下，突然踩下加速踏板时，混合气变浓，反馈电压应上升；突然松开加速踏板时，混合气变稀，反馈电压应下降。　　　　　（　　）

三、问答题

1．简述热线式空气流量传感器的结构及工作原理。

2．简述宽带氧传感器的工作原理。

3．什么是霍尔原理？

<技能操作>

作业表：传感器识别及功能检查

姓名		班级		学号		组别	

一、计划方案

1. 制订工作计划

学生以 9 人或 10 人为一组，每个小组将学到的与任务相关的知识、信息进行整理，并制订一套工作计划。

2. 工作计划的具体内容

1）完成工作任务所需学习的专业知识点。

2）列出完成任务所需要的工具、设备名称及所需的资料。

3）选定组长并列出组间分工安排。

4）写出任务实施的基本思路。

二、实施过程

1）指出传感器在实车中的位置（结合实车）。

2）读取主要传感器数据（判定相关功能）。

序号	传感器名称	读取项目及条件	数据
1	空气流量传感器	怠速时的空气流量	
2	节气门位置传感器	静态踩节气门（节气门从原始位置至踩到底）时节气门角度值的变化	传感器1： 传感器2：
3	曲轴位置传感器	怠速时的发动机转速	
4	凸轮轴位置传感器	怠速时的凸轮轴转速	
5	进气温度传感器	起动发动机时的进气温度	
6	冷却液温度传感器	起动发动机时的发动机冷却液温度	
7	氧传感器	起动热车后踩节气门时的信号电压变化	
8	爆燃传感器	起动怠速—加速时的信号电压变化	

结论：

维修建议：

三、检查、评估

1）请根据自己的任务完成情况，对自己的工作进行自我评估，并提出改进意见。

2）学生本次任务成绩　　□优秀　　□良好　　□及格　　□不及格

任务二 传感器电路查询及检测

<**理论习题**>

一、单项选择题

1. 针对宽带氧传感器有两种说法，甲技师说："宽带氧传感器一般安装在三元催化转换器前面。"乙技师说："宽带氧传感器信号和窄带氧传感器信号没什么区别。"请问谁说的对？_____

　　A．甲技师对　　　　　　　　　B．乙技师对

　　C．两个都对　　　　　　　　　D．两个都不对

2. 针对四线式冷却液温度传感器有两种说法，甲技师说："该传感器的4根线与仪表冷却液温度的显示均无关。"乙技师说："该传感器中有2根线与仪表冷却液温度的显示有关。"请问谁说的对？_____

　　A．甲技师对　　　　　　　　　B．乙技师对

　　C．两个都对　　　　　　　　　D．两个都不对

3. 关于传感器电路的查询，以下说法中不正确的是_____。

　　A．按照目录先找到对应的发动机

　　B．对于某些传感器供电电路，需要对照电路图数字信息进行前后查找

　　C．传感器电路查询没有特定规律

二、判断题

1. 对于大多数传感器来说，一般有供电电源线、接地线和信号线。　（　　）

2. 磁电式曲轴位置传感器信号为电磁感应产生的交流电信号。　（　　）

3. 对于霍尔式凸轮轴位置传感器来说，其产生的信号应为高低电平信号。
　（　　）

4. 对于拥有两个节气门位置传感器的汽车来说，如果其中一个传感器出现故障，则发动机将表现出明显的运行不良症状。　（　　）

5. 对于温度传感器来说，其对应的ECU内部存在一个电阻。　（　　）

三、问答题

1. 试画出迈腾 B8 轿车节气门位置传感器电路，并说明其检测流程。

2. 试画出迈腾 B8 轿车凸轮轴位置传感器电路，并说明其检测流程。

3. 试画出迈腾 B8 轿车曲轴位置传感器电路，并说明其检测流程。

4. 试画出迈腾 B8 轿车氧传感器电路，并说明其检测流程。

<技能操作>

作业表：传感器电路查询及检测

姓名		班级		学号		组别	

一、计划方案

1. 制订工作计划

学生以 9 人或 10 人为一组，每个小组将学到的与任务相关的知识、信息进行整理，并制订一套工作计划。

2. 工作计划的具体内容

1）完成工作任务所需学习的专业知识点。

2）列出完成任务所需要的工具、设备名称及所需的资料。

3）选定组长并列出组间分工安排。

4）写出任务实施的基本思路。

二、实施过程

1）指出主要传感器电路（结合维修手册或电路图）。

2）主要传感器测试及数据记录。

序号	传感器名称	主要参数（供电、搭铁、信号等）测试数据
1	空气流量传感器	
2	节气门位置传感器	
3	曲轴位置传感器	
4	凸轮轴位置传感器	
5	进气压力温度传感器	
6	氧传感器	

结论：

维修建议：

三、检查、评估

1）请根据自己的任务完成情况，对自己的工作进行自我评估，并提出改进意见。

2）学生本次任务成绩　　　□优秀　　　□良好　　　□及格　　　□不及格

任务三　传感器故障诊断与分析

<理论习题>

一、不定项选择题

1. 传感器线路故障一般表现为_____。
　　A．断路　　　　　　　　B．短路　　　　　　　　C．虚接
2. 故障自诊断系统通过对故障项目的检测，输出_____，维修人员根据车型的有关资料进行"解码"，破译故障内容和部位。
　　A．故障码　　　　　　　B．故障信息　　　　　　C．故障数据流

二、判断题

1. 电控发动机故障码不能直接被读取，读取前需要对发动机基本怠速和基本点火正时进行检查。　　　　　　　　　　　　　　　　　　　（　　）
2. 发动机在运行时会出现故障，线路故障一般是导线老化、被腐蚀、潮湿或接触不良。　　　　　　　　　　　　　　　　　　　　　　　（　　）
3. 电控发动机传感器作为精密器件，一般存在以下两种故障表现形式：器件被击穿、器件老化。　　　　　　　　　　　　　　　　　　　（　　）
4. 电阻类传感器（如冷却液温度传感器、进气温度传感器、节气门位置传感器等）主要用于测量一定条件下的阻值是否符合要求。　　　　　（　　）
5. 车辆使用环境越差、里程数越高，由电子元器件老化引起的故障就越多。　　　　　　　　　　　　　　　　　　　　　　　　　　　　（　　）

三、问答题

1. 简述传感器类故障诊断的基本思路（可以某一个传感器为例）。

2. 传感器故障有哪些类型？如何进行诊断？

＜技能操作＞

作业表：传感器故障诊断与分析

姓名		班级		学号		组别	

一、计划方案

1. 制订工作计划

学生以 9 人或 10 人为一组，每个小组将学到的与任务相关的知识、信息进行整理，并制订一套工作计划。

2. 工作计划的具体内容

1）完成工作任务所需学习的专业知识点。

2）列出完成任务所需要的工具、设备名称及所需的资料。

3）选定组长并列出组间分工安排。

4）写出任务实施的基本思路。

二、实施过程

故障现象描述	
可能的故障原因	
故障点和故障类型确认（同时需要在电路图上指出故障位置）	※注明测试条件、插件代码和编号，控制单元针脚代号及测量结果； ※在电路图上指出最小故障线路范围或故障部件
故障机理	
维修建议	

三、检查、评估

1）请根据自己的任务完成情况，对自己的工作进行自我评估，并提出改进意见。

2）学生本次任务成绩　　□优秀　　□良好　　□及格　　□不及格

项目二 执行器故障诊断与维修

任务一 燃油供油系统执行器故障诊断与维修

<理论习题>

一、不定项选择题

1. 针对电动燃油泵的结构及作用有两种说法，其中甲技师说："电动燃油泵一般由小型交流电动机驱动。"乙技师说："电动燃油泵需要和燃油压力调节器配合来建立合适的系统压力。"请问谁说的对？_____
   A. 甲技师对   B. 乙技师对   C. 两个都对   D. 两个都不对

2. 电控喷油器是一种加工精度非常高的精密器件，要求其_____。
   A. 动态流量范围大   B. 雾化性能好
   C. 抗堵塞、抗污染能力强   D. 静态流量范围大

二、判断题

1. 安全阀可以避免燃油管路在出现堵塞时压力过高造成油管破裂或燃油泵损坏。   （   ）

2. 单向阀（出油阀）的设置是为了发动机熄火后密封油路，使燃油管路中保持一定的压力，从而使发动机下次起动（特别是热起动）更加容易。（   ）

3. 喷油器喷油量的大小取决于针阀的升程、喷孔的截面面积、燃油系统和进气歧管气体之间的压差等因素。   （   ）

4. 发动机控制模块可通过控制喷油器的电源或搭铁来实现对喷油器的控制，目前大部分采用电源控制的模式。   （   ）

5. 喷油质量的检查包括喷油量、雾化和泄漏的检查。   （   ）

三、问答题

1. 试以大众迈腾 B8 轿车为例，画出该车的油泵及模块电路，并做适当分析。

2．试列举检查油泵工作状况（是否运转）的方法。

3．以任意一缸为例，画出迈腾 B8 轿车缸内直喷燃油波形。

4．试阐述迈腾 B8 轿车喷油器控制电路的检测流程。

<技能操作>

作业表：燃油供油系统执行器故障诊断与维修

姓名		班级		学号		组别	

一、计划方案

    1. 制订工作计划

    学生以 9 人或 10 人为一组，每个小组将学到的与任务相关的知识、信息进行整理，并制订一套工作计划。

    2. 工作计划的具体内容

    1）完成工作任务所需学习的专业知识点。

    2）列出完成任务所需要的工具、设备名称及所需的资料。

    3）选定组长并列出组间分工安排。

    4）写出任务实施的基本思路。

二、实施过程

1. 燃油泵及控制电路检测（迈腾 B8 轿车）

序号	主要测试参数	测试值或波形	是否正常（填"是"或"否"）
1	燃油泵供电		
2	燃油泵模块供电		
3	燃油泵模块接地		
4	燃油泵模块接收信号（来自发动机模块）		
5	发动机模块输出信号（输出到燃油泵模块）		

结论：

维修建议：

2. 喷油器及控制电路检测（迈腾 B8 轿车任意一缸喷油器）

序号	主要测试参数	测试值或波形	是否正常（填"是"或"否"）
1	喷油器 "+" 与 "-" 之间的信号电压		
2	喷油器 "+" 对地信号电压		
3	喷油器 "-" 对地信号电压		
4	ECU 输出喷油器 "+" 对地信号电压		
5	ECU 输出喷油器 "-" 对地信号电压		

结论：

维修建议：

三、检查、评估

1）请根据自己的任务完成情况，对自己的工作进行自我评估，并提出改进意见。

2）学生本次任务成绩　　□优秀　　□良好　　□及格　　□不及格

任务二　进气系统执行器故障诊断与维修

<理论习题>

一、不定项选择题

1. 怠速时，根据发动机_____，节气门电动机驱动节气门工作，改变怠速空气道的截面面积，使发动机在不同条件下都有最佳的怠速转速。
   A．温度高低
   B．点火提前角
   C．负荷大小
   D．燃油压力大小

2. 针对进气风门控制有两种说法，其中甲技师说："一般转速超过3000r/min以后风门会打开。"乙技师说："风门的打开受到发动机运行工况的影响。"请问谁说的对？_____
   A．甲技师对
   B．乙技师对
   C．两个都对
   D．两个都不对

二、判断题

1. 怠速电动机主要是用来承担汽车怠速的，其作用是根据怠速时的发动机负荷来调节怠速。　　　　　　　　　　　　　　　　　　（　　）

2. 进气控制系统利用发动机工作时进气歧管的进气动态效应来提高充气量，以达到在发动机转速范围内增大发动机转矩和功率的目的。　　（　　）

3. 进气风门电位计用来检测进气歧管翻板的转角位置，并把转角信号转变成电信号输送给发动机ECU，作为监控进气系统运行状况的主要参考信号。
　　　　　　　　　　　　　　　　　　　　　　　　　　　　（　　）

4. 风门电动机控制阀的主要作用是在不同工况下驱动风门开闭，实现进气量的增加或减小。　　　　　　　　　　　　　　　　　　　（　　）

三、问答题

1. 试以大众迈腾B8轿车为例，画出该车的节气门电动机电路并做适当分析。

2. 阐述通道截面面积可变的进气控制系统的作用及其工作过程。

3. 以迈腾 B8 轿车为例，画出该车的进气风门电位计电路并做适当分析。

<技能操作>

作业表：进气系统执行器故障诊断与维修

姓名		班级		学号		组别	

一、计划方案

1. 制订工作计划

学生以 9 人或 10 人为一组，每个小组将学到的与任务相关的知识、信息进行整理，并制订一套工作计划。

2. 工作计划的具体内容

1）完成工作任务所需学习的专业知识点。

2）列出完成任务所需要的工具、设备名称及所需的资料。

3）选定组长并列出组间分工安排。

4）写出任务实施的基本思路。

二、实施过程（主要进气系统执行器的检测与诊断，以迈腾 B8 轿车为例）

序号	主要测试参数	测试值或波形	是否正常（填"是"或"否"）
1	节气门电动机"+"与"-"之间的信号电压		
2	节气门电动机"+"与地之间的信号电压		
3	节气门电动机"-"与地之间的信号电压		
4	ECU 输出节气门电动机控制"+"与地之间的信号电压		
5	ECU 输出节气门电动机控制"-"与地之间的信号电压		
6	进气道可变电磁阀信号电压		
7	ECU 输出进气道可变电磁阀信号电压		

结论：

维修建议：

三、检查、评估

1）请根据自己的任务完成情况，对自己的工作进行自我评估，并提出改进意见。

2）学生本次任务成绩　　□优秀　　□良好　　□及格　　□不及格

任务三　排气系统执行器故障诊断与维修

<理论习题>

一、不定项选择题

1. EGR 系统的主要作用是减少＿＿＿＿＿的排放量。
   A. CO　　　　　　B. NO_x　　　　　C. CO_2　　　　　D. O_2
2. 发动机 ECU 控制炭罐电磁阀的通断通常考虑以下条件：＿＿＿＿。
   A. 发动机起动时间已超过规定的时间
   B. 冷却液温度已高于规定值
   C. 怠速触点开关处于断开状态
   D. 发动机转速高于规定值

二、判断题

1. 引入排气的目的：排气通过吸收燃烧产生的部分热量来降低燃烧温度和压力，以减少 NO_x 的生成量。　　　　　　　　　　　　　　　　（　　）
2. 带 EGR 阀位置传感器的 EGR 采用电位计结构，传感器的主要作用是检测 EGR 阀的开度，并由电位计将位移转换为相应的电压信号传送给 ECU。
   　　　　　　　　　　　　　　　　　　　　　　　　　　　　　（　　）
3. 数字式 EGR 阀中进气歧管有两个孔口。这两个孔口分别由两个电磁阀控制。　　　　　　　　　　　　　　　　　　　　　　　　　　　（　　）
4. 在发动机怠速工况和全负荷工况下，活性炭罐中的燃油蒸气不应进入发动机气缸，以免造成怠速时可燃混合气过浓而熄火。　　　　　　（　　）

三、问答题

1. 试以某日系丰田轿车为例，阐述该车 EGR 控制电路的检测与维修方法。

2．阐述 EVAP 系统的工作原理。

3．阐述 EGR 阀的控制策略。

4．阐述 EVAP 系统的检修过程及方法。

<技能操作>

作业表：排气系统执行器故障诊断与维修

姓名		班级		学号		组别	

一、计划方案

1. 制订工作计划

学生以 9 人或 10 人为一组，每个小组将学到的与任务相关的知识、信息进行整理，并制订一套工作计划。

2. 工作计划的具体内容

1）完成工作任务所需学习的专业知识点。

2）列出完成任务所需要的工具、设备名称及所需的资料。

3）选定组长并列出组间分工安排。

4）写出任务实施的基本思路。

二、实施过程（主要排气系统执行器的检测与诊断，以丰田轿车为例）

序号	主要测试参数	测试值或波形	是否正常（填"是"或"否"）
1	EGR 电磁阀电阻		
2	EGR 线束通断性		
3	EVAP 电磁阀电阻		
4	EVAP 电磁阀供电		
5	EVAP 电磁阀接地信号电压		
6	ECU 侧控制 EVAP 电磁阀接地信号电压		

结论：

维修建议：

三、检查、评估

1）请根据自己的任务完成情况，对自己的工作进行自我评估，并提出改进意见。

2）学生本次任务成绩　　□优秀　　□良好　　□及格　　□不及格

任务四 电子点火控制系统执行器故障诊断与维修

<理论习题>

一、单项选择题

1. 电子点火控制系统由_____直接驱动点火线圈进行点火。
   A. ECU
   B. 点火控制器
   C. 分电器
   D. 转速信号

2. 一般来说，缺少了_____信号，电子点火控制系统将不能点火。
   A. 进气量
   B. 冷却液温度
   C. 转速
   D. 上止点

3. 点火闭合角主要是通过_____加以控制的。
   A. 通电电流
   B. 通电时间
   C. 通电电压
   D. 通电速度

4. 混合气在气缸内燃烧，当最高压力出现在上止点_____左右时，发动机输出功率最大。
   A. 前10°
   B. 后10°
   C. 前5°
   D. 后5°

5. 发动机工作时，随着冷却液温度的提高，爆燃倾向_____。
   A. 不变
   B. 增大
   C. 减小
   D. 与温度无关

6. 起动时点火提前角是固定的，一般为_____左右。
   A. 15°
   B. 10°
   C. 30°
   D. 20°

7. 采用电子点火控制系统时，发动机实际点火提前角_____理想点火提前角。
   A. 大于
   B. 等于
   C. 小于
   D. 接近于

8. Ne 信号是指发动机的_____信号。
   A. 凸轮轴转角
   B. 车速传感器
   C. 曲轴转角
   D. 空调开关

9. ECU 根据_____信号对点火提前角实行反馈控制。
   A. 冷却液温度传感器
   B. 曲轴位置传感器
   C. 爆燃传感器
   D. 车速传感器

二、判断题

1. 发动机起动时，按 ECU 内存储的初始点火提前角对点火提前角进行控制。
（   ）

2. 在发动机冷车起动后的暖机过程中，随着冷却液温度的提高，点火提前角也应适当加大。
（   ）

3. 蓄电池的电压变化会影响初级电流。
（   ）

4. 电子点火控制系统一般无点火提前装置。
（   ）

5. 在无分电器式电子点火控制系统（一个点火线圈驱动两个火花塞）中，如果其中一个气缸的火花塞无间隙短路，那么相应的另一个气缸的火花塞也将无法跳火。
（   ）

6. 电子点火控制系统的控制方式属于点火正时闭环控制。
（   ）

7. 双缸同时点火控制系统不使用传统的分电器和点火线圈。
（   ）

8. 在双缸同时点火控制系统中，点火线圈的个数是该发动机气缸数的一半。
（   ）

9. 在双缸同时点火控制系统中，其中一个为有效点火，另一个为无效点火。
（   ）

三、问答题

1. 为了给发动机提供准确而强大的火花能量，电子点火控制系统必须满足哪些要求？

2. 阐述电子点火控制系统的组成及功能。

3. 阐述电子点火控制系统检测的基本步骤。

\<技能操作\>

作业表：电子点火控制系统执行器故障诊断与维修

姓名		班级		学号		组别	

一、计划方案

1. 制订工作计划

学生以 9 人或 10 人为一组，每个小组将学到的与任务相关的知识、信息进行整理，并制订一套工作计划。

2. 工作计划的具体内容

1）完成工作任务所需学习的专业知识点。

2）列出完成任务所需要的工具、设备名称及所需的资料。

3）选定组长并列出组间分工安排。

4）写出任务实施的基本思路。

二、实施过程（以迈腾 B8 为例）

序号	主要测试参数	测试值或波形	是否正常（填"是"或"否"）
1	点火模块供电（任意一缸）		
2	点火模块接地（任意一缸）		
3	点火模块线圈电阻值（任意一缸）		
4	点火模块信号（任意一缸）		
5	ECU 输出点火信号（任意一缸）		

结论：

维修建议：

三、检查、评估

1）请根据自己的任务完成情况，对自己的工作进行自我评估，并提出改进意见。

2）学生本次任务成绩　　□优秀　　□良好　　□及格　　□不及格

项目三　发动机控制模块故障诊断与维修

任务一　发动机控制模块电路分析与检测

<理论习题>

一、不定项选择题

1. ECU 主要由_____等组成。
   A. 输入回路　　　　　　　　B. 微机
   C. A/D 转换器　　　　　　　D. 输出回路

2. 由于传感器输入的是模拟信号，微机不能直接处理，故需要用 A/D 转换器将其转换成_____，再输入微机。
   A. 数字信号　　　　　　　　B. 脉冲信号
   C. 模拟信号　　　　　　　　D. 阶跃信号

二、判断题

1. 微机的功用是根据发动机工作的需要，把各种传感器送来的信号用内存的程序（微机处理的顺序）和数据进行运算处理，并把处理结果（如燃油喷射控制信号、点火控制信号等）送往输出回路。　　　　　　　　　　（　　）

2. CPU 的作用是读出命令并执行数据处理任务。　　　　　　　　（　　）

3. ROM 是读出专用存储器，存储器内容一次写入后就不能改变，也不可以调出使用。　　　　　　　　　　　　　　　　　　　　　　　　（　　）

4. 输出回路的作用就是将微机输出的数字信号转换成可以驱动执行元件的输出信号。　　　　　　　　　　　　　　　　　　　　　　　　　（　　）

三、问答题

1. 试画出卡罗拉轿车 ECM 电路并说明电路走向。

2. 试画出迈腾 B8 轿车的 ECU 电路并做适当分析。

<技能操作>

作业表：发动机控制模块电路分析与检测

姓名		班级		学号		组别	

一、计划方案

1. 制订工作计划

学生以 9 人或 10 人为一组，每个小组将学到的与任务相关的知识、信息进行整理，并制订一套工作计划。

2. 工作计划的具体内容

1）完成工作任务所需学习的专业知识点。

2）列出完成任务所需要的工具、设备名称及所需的资料。

3）选定组长并列出组间分工安排。

4）写出任务实施的基本思路。

二、实施过程（以迈腾 B8 轿车的 ECU 电路为例）

序号	主要测试参数	测试值或波形	是否正常（填"是"或"否"）
1	ECU 常供电电压		
2	ECU 的 15 供电电压		
3	ECU 的主继电器供电电压		
4	ECU 接地电压		
5	ECU 的 CAN-H 电压		
6	ECU 的 CAN-L 电压		

结论：

维修建议：

三、检查、评估

1）请根据自己的任务完成情况，对自己的工作进行自我评估，并提出改进意见。

2）学生本次任务成绩　　□优秀　　□良好　　□及格　　□不及格

<理论习题>

一、不定项选择题

诊断仪无法连接 ECU 进行通信的原因有_____。
  A．ECU 电源电路故障　　　　　　　　B．ECU 自身故障
  C．ECU 通信故障　　　　　　　　　　　　　　D．诊断仪故障

二、判断题

1．用排除法诊断 ECU 故障，首先针对汽车电子控制系统的故障现象分析可能的故障原因，然后通过相应的检测方法检查在汽车电子控制系统中除 ECU 以外的可能有故障的部件和线路。　　　　　　　　　　　　　　　（　　）

2．排除法检修汽车 ECU 的不足是，需要逐个检测与 ECU 相关联的部件和线路，只有当除 ECU 之外的电子控制系统相关部件及线路均确定为正常时，才能诊断为 ECU 可能有故障。　　　　　　　　　　　　　　（　　）

三、问答题

简述诊断仪无法与 ECU 进行通信的故障诊断思路。

<技能操作>

作业表：发动机控制模块电路诊断与维修

姓名		班级		学号		组别	

一、计划方案

1. 制订工作计划

学生以 9 人或 10 人为一组，每个小组将学到的与任务相关的知识、信息进行整理，并制订一套工作计划。

2. 工作计划的具体内容

1）完成工作任务所需学习的专业知识点。

2）列出完成任务所需要的工具、设备名称及所需的资料。

3）选定组长并列出组间分工安排。

4）写出任务实施的基本思路。

二、实施过程（以迈腾 B8 轿车的 ECU 故障诊断为例）

故障现象描述	
可能的故障原因	
故障点和故障类型确认（同时需要在电路图上指出故障位置）	※注明测试条件、插件代码和编号、控制单元针脚代号及测量结果； ※在电路图上指出最小故障线路范围或故障部件
故障机理	
维修建议	

三、检查、评估

1）请根据自己的任务完成情况，对自己的工作进行自我评估，并提出改进意见。

2）学生本次任务成绩　　□优秀　　□良好　　□及格　　□不及格

项目四　发动机电控系统典型故障诊断与维修

任务一　电控发动机不能起动故障诊断与维修

<理论习题>

一、不定项选择题

1. 发动机控制模块不断地检测各个传感器的信号，一旦发现有任何不正常的信号（传感器信号中断、信号值超出正常范围等），无论是由机械故障还是由传感器、执行器、线路、发动机控制模块故障引起的，系统都将设置_____。

A. 故障码　　　B. 数据流　　　　C. 指示灯　　　　D. 提示装置

2. 电控发动机正常起动、运行的必要条件主要有_____。

A. 有高压火　　B. 有油进缸　　　C. 有气　　　　　D. 排放正常

二、判断题

1. 在发动机出现故障时，先对电子控制系统以外的可能故障部位予以检查。
（　　）

2. 电控发动机生成故障码，只要按照故障码查找故障肯定就能排除故障。
（　　）

三、问答题

1. 简述电控发动机故障诊断的基本原则。

2．简述电控发动机故障诊断的基本方法。

3．画出电控发动机的故障诊断流程。

4．画出电控发动机不能起动的故障诊断流程。

<技能操作>

作业表：电控发动机不能起动故障诊断与维修

姓名		班级		学号		组别	

一、计划方案

1. 制订工作计划

学生以 9 人或 10 人为一组，每个小组将学到的与任务相关的知识、信息进行整理，并制订一套工作计划。

2. 工作计划的具体内容

1）完成工作任务所需学习的专业知识点。

2）列出完成任务所需要的工具、设备名称及所需的资料。

3）选定组长并列出组间分工安排。

4）写出任务实施的基本思路。

二、实施过程（以迈腾 B8 轿车为例）

故障现象描述	
可能的故障原因	
故障位置和故障类型确认（同时需要在电路图上指出故障位置）	※注明测试条件、插件代码和编号、控制单元针脚代号及测量结果； ※在电路图上指出最小故障线路范围或故障部件
故障机理	
维修建议	

三、检查、评估

1）请根据自己的任务完成情况，对自己的工作进行自我评估，并提出改进意见。

2）学生本次任务成绩　　　□优秀　　　□良好　　　□及格　　　□不及格

<理论习题>

一、不定项选择题

1. 电控发动机运行不良主要包括_____。
   A. 怠速太高　　B. 怠速太低　　　C. 怠速不稳　　　D. 怠速不柔和
2. 以下会导致怠速抖动的是_____。
   A. 缺缸　　　　　　　　　　B. 火花塞积炭
   C. 氧传感器故障　　　　　　D. 进气温度传感器故障

二、判断题

1. 缸内直喷轿车高压的建立一般要通过高压电磁阀控制来实现。　（　　）
2. 空气流量传感器、节气门位置传感器等故障都会影响发动机的加速性能。
   （　　）
3. 怠速时燃油压力应为 250kPa 左右或符合原厂规定，加速时应上升至 600kPa 左右或符合原厂规定。　（　　）
4. 火花弱或者偶尔无火花不会导致怠速不稳。　（　　）
5. 当曲轴位置传感器出现故障时，失火监控会关闭。　（　　）

三、问答题

1. 简述怠速抖动的诊断思路。

2．分析电控发动机加速不良的常见原因。

3．简述诊断与排除电控发动机加速不良故障的具体步骤。

4．电控发动机怠速不良的原因有哪些？

作业表：电控发动机运行不良故障诊断与维修

姓名		班级		学号		组别	

一、计划方案

1. 制订工作计划

学生以 9 人或 10 人为一组，每个小组将学到的与任务相关的知识、信息进行整理，并制订一套工作计划。

2. 工作计划的具体内容

1）完成工作任务所需学习的专业知识点。

2）列出完成任务所需要的工具、设备名称及所需的资料。

3）选定组长并列出组间分工安排。

4）写出任务实施的基本思路。

二、实施过程（以迈腾 B8 轿车为例）

故障现象描述	
可能的故障原因	
故障点和故障类型确认（同时需要在电路图上指出故障位置）	※注明测试条件、插件代码和编号、控制单元针脚代号及测量结果； ※在电路图上指出最小故障线路范围或故障部件
故障机理	
维修建议	

三、检查、评估

1）请根据自己的任务完成情况，对自己的工作进行自我评估，并提出改进意见。

2）学生本次任务成绩　　□优秀　　□良好　　□及格　　□不及格

气歧管气体之间的压差等因素。一旦这些因素确定,喷油量就由针阀的开启时间,即电磁线圈的通电时长来控制。

(三)喷油器及控制电路的检测

1. 喷油器的检测

(1)喷油器工作状况的检测

喷油器工作状况检测如视频 2-1-2 所示。在发动机怠速运行的工况下,用手触摸喷油器时应能感受到振动,或用螺钉旋具或听诊器接触喷油器时,在螺钉旋具另一端应能听到清脆的"嗒嗒"声(电磁阀开关的声音)。否则,说明该喷油器未正常工作。

视频 2-1-2 喷油器工作
状况检测

(2)喷油器线圈电阻的检测

断开点火开关,脱开喷油器的插头,用万用表电阻挡测量喷油器线圈的电阻,如表 2-1-1 所示,测量值应符合标准。

表 2-1-1 常见车型喷油器线圈电阻检测标准(室温 20℃)

车型	喷油器电阻/Ω	车型	喷油器电阻/Ω
丰田	13.4~14.2	桑塔纳 2000 GSi	13~18
本田	3~16	捷达 AT、GTX	13~18
宝马	15~17	奥迪 200	13.5~17
奔驰	14~16	红旗 CA7220E	12±0.6
奥迪 V6	13.5~17	夏利 TJ7100E	8
桑塔纳 2000 GLi	15.9±0.35	切诺基 B.12021	14.5±1.2

2. 喷油质量的检测

喷油质量的检测包括喷油量、雾化和泄漏的检测。此项检测可在专用的喷油器试验台上进行,这里不进行展开介绍。

3. 喷油器控制电路的检测

迈腾 B8 轿车喷油器的控制电路图如图 2-1-12 所示,喷油器插接器的安装位置及端子如图 2-1-13 所示。

根据该喷油器喷油阀的特点及便于测量的原则,建议采用测试波形的方式进行喷射电路的检测。下面以 N30—气缸 1 喷油阀电路的检测为例进行介绍。

1)测试 T8y/1 与 T8y/2 之间的波形。若波形正常,则说明喷油阀自身故障的概率较大;若不正常,则进行 2)测试。

2)单独测试 T8y/1 对地及 T8y/2 对地波形。若波形正常,则说明喷油阀自身故障的概率较大;若不正常,则进行 3)测试。

3)单独测试 J623 的 T60/31 对地波形及 J623 的 T60/33 对地波形。

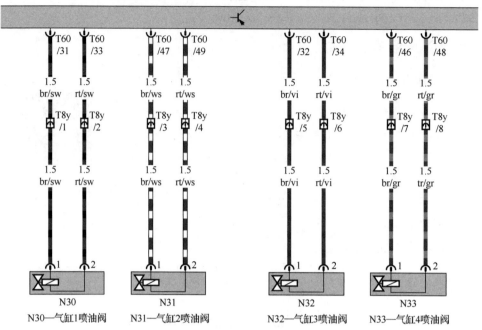

图 2-1-12　迈腾 B8 轿车喷油器的控制电路图

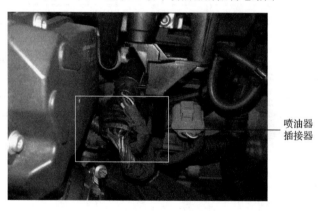

图 2-1-13　喷油器插接器的安装位置及端子

迈腾 B8 轿车喷油器及控制电路检测如视频 2-1-3 所示。

视频 2-1-3　喷油器及控制电路检测

🔧 任务实施

1．主要内容及目的

1）掌握燃油泵及喷油器元器件的特点及基本工作原理；

2）掌握燃油泵及喷油器控制电路的测试及故障诊断方法；

3）通过小组分工、协作，制定检修方案。

2.　技术标准及要求

1）按照提供的指定车型的维修手册（电路图）进行元器件及电路的测试；

2）按照万用表等在线测试设备的操作规范，正确测试喷油器相关执行系统各类参数。

3.　实训设备与器材

整车 4 辆，整车配套测试台 4 个，诊断仪及示波器 4 套，维修工具 4 套。

4.　操作步骤及工作要求

1）做好检测前的安全防护；

2）对燃油泵及电路进行在线测试；

3）对喷油器及电路进行在线测试；

4）确认故障位置并修复；

5）对故障机理进行分析。

任务二 进气系统执行器故障诊断与维修

任务描述

电控发动机进气系统执行器主要是指节气门电动机、怠速控制阀、进气风门电动机等驱动节气门打开到一定程度，控制进气量的执行装置。本任务要求对节气门电动机、怠速控制阀、节气风门电动机及控制电路进行分析及故障诊断。

相关知识

一、节气门电动机及其控制电路的诊断与维修

（一）节气门电动机相关知识

1. 作用

节气门电动机又称怠速电动机，是用于控制机动车怠速的关键部件。怠速是指发动机空转。节气门电动机的主要功能是根据发动机 ECU 接收的加速踏板位置传感器反馈的信息，结合踏板开度及其他相关数据，确定节气门的最终开度，并通过节气门电动机驱动节气门打开至指定角度。图 2-2-1 所示为电子节气门系统。

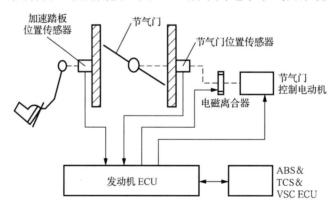

ABS—antilock brake system，防抱死制动系统；TCS—traction control system，牵引力控制系统；
VSC—vehicle stability control，车身稳定控制。

图 2-2-1　电子节气门系统

2. 结构及工作原理

发动机怠速时，节气门电动机根据发动机温度和负荷的变化驱动节气门动作，调节怠速空气道的截面面积，以确保发动机在不同工况下都能保持最佳怠速转速。怠速电动机的主要功能是根据发动机怠速时的负荷变化调节转速。怠速电动机安装在节流阀体上，当发动机转速偏离怠速设定值时，由节流阀调节进入进气歧管的空气量。自动怠速电动机的枢轴伸入旁通空气道内，通过它可调节空气流量。发动机控制器根据各传感器的输入信号，通过移动自动怠速电动机的枢轴来控制空气流量，从而调节发动机怠速转速。当点火钥匙转到开启位置时，自动怠速电动机起动，此时开关信号传输至 ECU，ECU 据此判断发动机是否处于怠速工况。同时，电动机的

即时位置由电动机位置传感器反馈给 ECU。图 2-2-2 所示为大众轿车怠速控制器的结构。

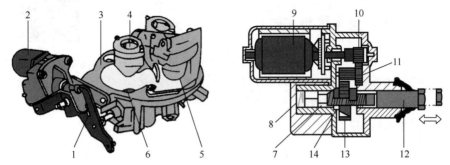

1—节气门操纵臂；2—怠速控制器；3—节气门体；4—喷油器；5—燃油压力调节器；6—节气门；7—防转六角孔；
8—弹簧；9—直流电动机；10、11、13—齿轮；12—传动轴；14—丝杠。

图 2-2-2　大众轿车怠速控制器的结构

（二）节气门电动机控制电路及其检修

1. 节气门电动机控制电路

大众迈腾系列汽车的节气门电动机控制电路如图 2-2-3 所示。

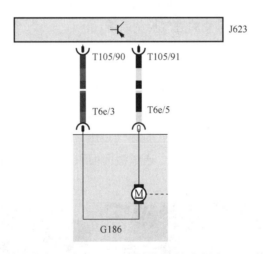

T6e/3—节气门电动机正电源；T6e/5—节气门电动机负电源；J623—发动机ECU；
G186—电控节气门操纵机构的节气门驱动装置。

图 2-2-3　大众迈腾系列汽车的节气门电动机控制电路

J623 接收到来自加速踏板等的相关信息之后，通过 T105/90 和 T105/91 两个端子输出脉冲信号，驱动节气门正转（打开）或反转（关闭）。

2. 节气门电动机控制电路检测

节气门电动机及控制电路检测如视频 2-2-1 所示。

二、风门电动机及其控制电路诊断与维修

视频 2-2-1　节气门电动机
及控制电路检测

（一）进气控制系统相关知识

进气控制系统通过利用发动机工作时进气歧管的进气动态效应提高充气效率，从而在发动机转速范围内增大发动机转矩和功率，这种动态效应包括进气惯性效应及进气波动效应。图 2-2-4 所示为进气过程。

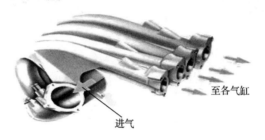

图 2-2-4　进气过程

进气控制系统主要有以下 5 种类型：长度可变的进气控制系统、通道截面面积可变的进气控制系统、谐波增压控制系统、可变气门升程控制系统、可变配气相位系统。下面重点介绍通道截面面积可变的进气控制系统。

1. 作用

通道截面面积可变的进气控制系统可随转速和负载的变化调节进气通道的截面面积。在高转速时，使用较大的进气歧管截面面积，提高进气流量；在低转速时，使用较小的进气歧管截面面积，提高气缸的进气负压。此外，该系统还能在气缸内充分形成涡流，使空气与汽油更好地混合。通道截面面积可变的进气控制系统如图 2-2-5 所示。

图 2-2-5　通道截面面积可变的进气控制系统

2. 系统工作过程

通道截面面积可变的进气控制系统工作过程如图 2-2-6 所示。在发动机运行过程中，ECU 根据发动机的转速、负荷、车速、冷却液温度和进气温度确定发动机的运行工况，当运行工况符合设计要求时，发动机 ECU 会将相关信号传输至电磁控制阀，接收到信号后，电磁控制阀打开，否则其一直处于关闭的状态。

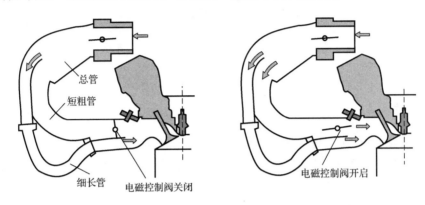

图 2-2-6　通道截面面积可变的进气控制系统工作过程

当电磁控制阀关闭时，空气通过其中的一根歧管进入发动机气缸，如图 2-2-7 所示；当电磁控制阀打开时，空气通过两根歧管进入发动机气缸，如图 2-2-8 所示。

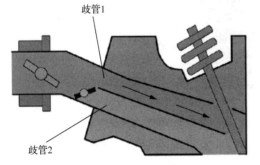
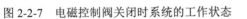
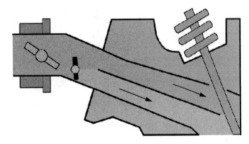

图 2-2-7　电磁控制阀关闭时系统的工作状态　　　图 2-2-8　电磁控制阀打开时系统的工作状态

（二）进气风门电位计及其控制电路的检测

在通道截面面积可变的进气控制系统中，进气风门电位计扮演着关键角色。进气风门电位计如图 2-2-9 所示，它用于检测进气歧管翻板的转角位置，并将这一信号转换成电子信号传送至发动机 ECU，作为监控进气系统运行状况的主要参考信号。

以迈腾 B8 轿车为例，其进气风门电位计 G336 安装在进气歧管一侧翻板轴的一端，随翻板轴一起转动，如图 2-2-10 所示。

图 2-2-9　进气风门电位计

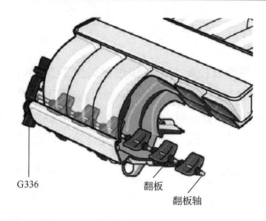

图 2-2-10　进气风门电位计的安装位置

1. 结构及工作原理

如图 2-2-11 所示，进气风门电位计实际是一种滑动电阻，与三线制滑动电阻式节气门位置传感器类似，其滑动触点可在电阻上滑动，感知滑动电阻上不同位置点的电压值。

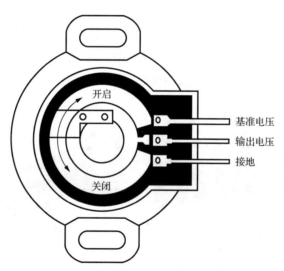

图 2-2-11　进气风门电位计的结构

进气风门电位计是通过检测进气翻板的位置变化来工作的。当进气翻板转动时，电位计的电阻随之改变，导致输出电压也发生变化（通常在 0～4.5V 变化），如图 2-2-12 所示。在进气风门打开过程中，随着开度的增大，传感器输出信号的电压线性增加，从开度最小时的 0.5V 逐步上升至开度最大时的 4.5V，如图 2-2-13 所示。

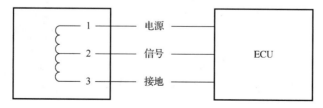

图 2-2-12　进气风门电位计的工作原理

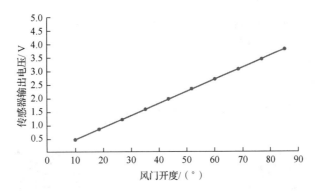

图 2-2-13　进气风门电位计的工作过程

2. 进气风门电位计的检测

进气风门电位计主要用于检测进气风门翻板的位置,如果检测到的信号和进气翻板的位置不符,则会导致发动机对进气量的误判,从而影响发动机的动力性、经济性和排放性能。以迈腾 B8 轿车为例,该型轿车风门电位计及控制电路检测如视频 2-2-2 所示。

视频 2-2-2　进气歧管风门电位计及控制电路检测

(三)风门电动机控制阀电路(进气道可变控制系统)检测

风门电动机控制阀的主要功能是驱动风门开闭,以保证进气量适应不同工况。以迈腾 B8 2.0T 轿车为例,其进气道可变控制系统检测如视频 2-2-3 所示。

视频 2-2-3　进气道可变控制系统检测

⚙ **任务实施**

1. 主要内容及目的

1)掌握节气门电动机及进气道可变控制系统的特点、基本工作原理;
2)掌握节气门电动机及进气管风门电磁阀电路的测试及故障诊断方法;
3)通过小组分工、协作,制定检修方案。

2. 技术标准及要求

1)按照提供的指定车型的维修手册(电路图)进行元器件及电路测试;
2)按照万用表等在线测试设备的操作规范,正确测试进气相关执行系统各类参数。

3. 实训设备与器材

整车 4 辆,整车配套测试台 4 个,诊断仪及示波器 4 套,维修工具 4 套。

4. 操作步骤及工作要求

1)做好检测前的安全防护;
2)对节气门电动机、进气道可变电磁阀等电路进行测试;

3）确认故障位置并修复；

4）对故障机理进行分析。

 拓展知识

气门升程可变控制系统及气门正时可变控制系统的检测分别如视频 2-2-4 和视频 2-2-5 所示。

视频 2-2-4 气门升程可变控制系统检测　　视频 2-2-5 气门正时可变控制系统检测

任务三　排气系统执行器故障诊断与维修

🔧 任务描述

电控发动机排气系统执行器主要是指在电控发动机排气过程中,驱动排气再循环(exhaust gas recirculation,EGR)电磁阀、燃油蒸发控制(evaporative emission control,EVAP)电磁阀、排气涡轮增压电磁阀等工作的相关执行元件。本任务要求对 EGR 电磁阀、EVAP 电磁阀及控制电路进行分析及故障诊断。

🔧 相关知识

一、EGR 电磁阀及其控制电路故障诊断与维修

（一）EGR 控制系统相关知识

1. EGR 的概念及其系统的基本结构

在发动机工作过程中,部分排出的气体会被引入进气系统,与混合气一起进入气缸燃烧,这样可以减少氮氧化合物的排放量。氮氧化合物的产生机制是,在高温、富氧环境下,氮和氧只有在高温、高压条件下才会发生化学反应。

EGR 过程通过在排气歧管与进气歧管之间设置一个小通道来实现,该通道中的排气流量由 EGR 阀控制,如图 2-3-1 所示。引入排气的目的是利用其吸收燃烧产生的部分热量,降低燃烧温度和压力,从而减少氮氧化合物的生成量。

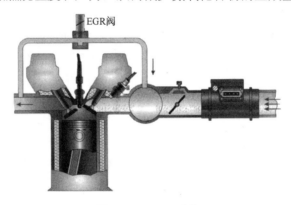

图 2-3-1　EGR 系统

2. 类型

（1）电磁阀控制的 EGR

这种 EGR 的电磁阀铁心端部配有针阀,EGR 阀由 ECU 直接控制。ECU 根据冷却液温度、节气门位置和进气流量等信号,通过持续发送脉冲信号控制 EGR 电磁阀的通电与断电实现,对铁心运动和排气流量进行精准调节,如图 2-3-2 所示。

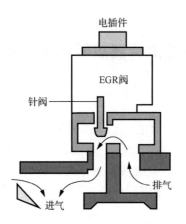

图 2-3-2 电磁阀控制的 EGR

（2）带 EGR 阀位置传感器的 EGR

该 EGR 采用电位计结构，其主要作用是检测 EGR 阀的开度，并将位移信息转换成相应的电压信号传输至 ECU。ECU 据此信号可以精确测量 EGR 量，从而对 EGR 量进行精确的电子反馈控制。EGR 阀位置传感器的工作原理与电位计式节气门位置传感器类似，它安装于 EGR 阀的顶部，作为一个可变电阻（电位器）随 EGR 阀的状态变化而变化。位置传感器输出的直流电压信号随可变电阻的移动而变化，这一电压信号作为 ECU 的输入信号可实现对 EGR 阀位置的精确监控，如图 2-3-3 所示。

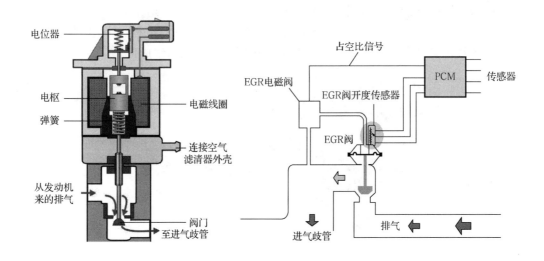

图 2-3-3 带 EGR 阀位置传感器的 EGR

（3）数字式 EGR 阀控制

数字式 EGR 阀控制如图 2-3-4 所示。数字式 EGR 阀中的进气歧管分布有 3 个孔径各异的孔口，每个孔口分别由独立的电磁阀精准控制，电磁阀设有可移动的铁心，其锥形端精确对应并密封于阀孔内，当电磁线圈通电时，相应的电枢和针阀会同步升起，进而孔口开启。由于 EGR 率直接与孔口的开启面积相关，这种设计可以提高控制的精度。

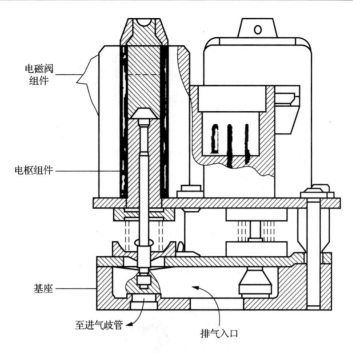

图 2-3-4 数字式 EGR 阀控制

（二）EGR 阀控制策略及其电路检修

1. EGR 阀控制策略

1）当发动机处于怠速和低负荷时，为确保燃油稳定燃烧，不进行 EGR。

2）当发动机温度低时，为了确保燃油正常燃烧，不进行 EGR。

3）当发动机处于大负荷、高速时，混合气较浓，氮氧化合物排放生成物较少，为了确保发动机有较好的动力性，此时可不进行 EGR 或减少 EGR 率。

4）当发动机处于中等负荷时，氮氧化合物的排放浓度较高，可最大限度使用 EGR 量，从而减少氮氧化合物排放物。随着负荷的增加，EGR 率允许值也会增加。

5）在轻微加速或低速巡航控制期间，可以适量引入 EGR 量，以降低氮氧化合物的排放浓度。

2. EGR 阀控制电路及其检修

（1）控制电路

某日系车 EGR 电路及 EGR 阀如图 2-3-5 所示。其中，EGR 各端子的含义分别是：A 表示 EGR 阀搭铁控制，B 表示 EGR 阀位置传感器的搭铁线，C 表示 EGR 阀位置传感器的信号线，D 表示 EGR 阀位置传感器的 5V 电源线，E 表示 EGR 电磁阀的电源线。

（2）检测与维修

1）测量 EGR 电磁阀的电阻。

第一步：关闭点火开关。

第二步：拔下 EGR 阀上的 5 芯插头。

第三步：测量 5 芯插头的 A-E 间的电阻，标准值为 $10\sim20\Omega$。

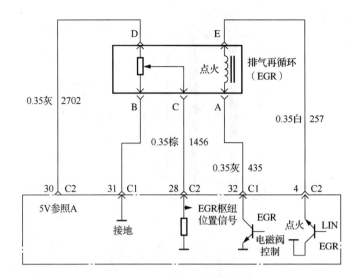

图 2-3-5　某日系车 EGR 电路及 EGR 阀

2）测量 EGR 阀位置传感器的信号电压。

第一步：起动发动机。

第二步：测量 EGR 阀升程传感器的信号线 E 与搭铁间的电压。

标准值：在发动机转速为 1700～2500r/min 时，信号电压为 0～5V。

3）测量 EGR 阀位置传感器的电源电压。

第一步：关闭点火开关。

第二步：拔下 EGR 阀上的 5 芯插头。

第三步：打开点火开关。

第四步：测量 5 芯插头的 D-B 间的电压，标准值为 5V。

4）测量 EGR 阀位置传感器的电阻。

第一步：关闭点火开关。

第二步：拔下 EGR 阀总成。

第三步：分别测量 EGR 阀 5 芯插头的 B-C、B-D 间的电阻。

第四步：用螺钉旋具推动 EGR 阀，观察其电阻的变化。

标准值：B-D 间的电阻在任意状态都为 1300Ω。B-C 间的电阻在未推动阀时为 300Ω，在阀推到底时为 1200Ω。

5）检测 EGR 阀线束的导通性。

第一步：关闭点火开关。

第二步：拔下 PCM 上的 C1、C2 插头。

第三步：拔下 EGR 阀上的 5 芯插头。

第四步：测量 5 芯插头 A、B、C、D、E 与 32（C1）、31（C1）、28（C2）、30（C2）、4（C2）之间的导通性。

二、EVAP 系统及其控制电路故障诊断与维修

（一）EVAP 系统相关知识

1. EVAP 系统的作用

发动机在运转过程中，燃油箱中的燃油会受热蒸发，产生燃油蒸气，这些蒸气如果排入大气既污染环境又浪费资源。EVAP 系统能够有效收集燃油系统产生的燃油蒸气，并适时地将其送入进气歧管，与正常混合气混合后进入发动机燃烧，这样既充分利用了燃油，又减少了对环境的污染，避免了资源浪费。

2. EVAP 系统的工作原理

EVAP 系统的工作原理：借助活性炭罐内的活性炭吸附燃油蒸气，当发动机处于小负荷至中负荷工况时，通过发动机的真空作用，将活性炭罐内的燃油蒸气脱附并引入气缸内燃烧；当发动机处于怠速和全负荷工况时，为避免混合气浓度不当影响发动机性能，活性炭罐中的燃油蒸气不进入发动机气缸。因此，活性炭罐内的燃油蒸气进入发动机进气歧管的时机和流量必须受到精确控制。EVAP 系统的控制方法有利用发动机的真空度来控制和利用 ECU 来控制两种。早期的 EVAP 系统多利用发动机的真空度控制，现在大多直接由发动机 ECU 控制。图 2-3-6 所示为早期利用发动机的真空度控制的 LS400 发动机 EVAP 系统，该系统主要由燃油箱、活性炭罐、双金属EVAP 阀和橡胶管路组成。

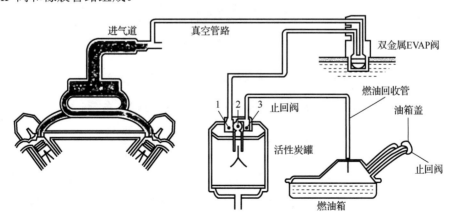

1、2、3—止回阀端子。

图 2-3-6　LS400 发动机 EVAP 系统

目前，EVAP系统多数采用发动机ECU直接控制炭罐电磁阀的通断来控制系统管路的开启和关闭，但不同车型控制电磁阀开闭的时机和方法并不完全相同。发动机ECU直接控制炭罐电磁阀的通断通常考虑以下条件：

1）发动机起动时间已超过规定时间；

2）冷却液温度已高于规定值；

3）怠速触点开关处于断开状态；

4）发动机转速高于规定值。

只有在满足以上条件时，发动机ECU才能使电磁阀线圈电路接地，此时电磁阀的阀门开启，储存在活性炭罐内的燃油蒸气经软管被吸入发动机气缸内燃烧。由于此时发动机的进气量较大，因此少量的燃油蒸气进入发动机不会影响混合气的浓度。较先进的EVAP系统能根据发动机负荷等情况，通过控制电磁阀的通断占空比来控制电磁阀的开启程度，进而控制燃油蒸气流量。

电控EVAP系统则是由ECU根据冷却液温度传感器、发动机转速传感器和节气门位置传感器的工作电压等发动机运转参数，通过EVAP阀来控制系统工作的。常见的发动机ECU控制的EVAP系统如图2-3-7所示，它主要由燃油箱、活性炭罐、橡胶管路、燃油止回阀、炭罐控制电磁阀等组成，能够实现精确的燃油蒸气流量的控制。

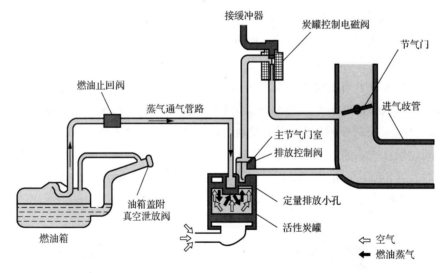

图2-3-7 常见的发动机ECU控制的EVAP系统

下面重点介绍桑塔纳2000 GSi轿车AJR发动机的EVAP系统。

（二）EVAP系统的组成、工作原理及其电路检修

1. EVAP系统的组成和工作原理

桑塔纳2000 GSi轿车AJR发动机的EVAP系统由活性炭罐、活性炭罐电磁阀（N80）等组成，其结构如图2-3-8所示，工作原理如图2-3-9所示。

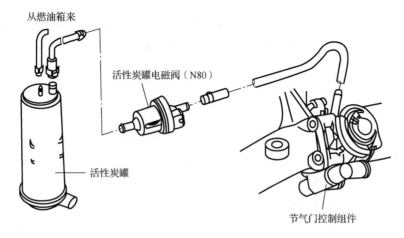

图 2-3-8 桑塔纳 2000 GSi 轿车 AJR 发动机的 EVAP 系统的结构

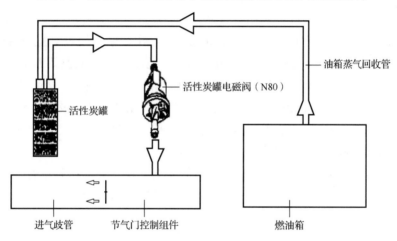

图 2-3-9 桑塔纳 2000 GSi 轿车 AJR 发动机的 EVAP 系统的工作原理

炭罐电磁阀如视频 2-3-1 所示。

活性炭罐为黑色圆柱形塑料管,位于发动机舱内的右前轮处,其内部的活性炭粒子对燃油蒸气具有极强的吸附作用。发动机不工作时,燃油蒸气全部被吸收到活性炭罐中,防止燃油蒸气溢出而污染大气。

活性炭罐电磁阀安装在活性炭罐的上方,由发动机 ECU(J220)控制,其电路如图 2-3-10 所示。

发动机起动后,如果未达到正常工作温度,则发动机 ECU 控制电磁阀断电,阀门关闭,没有真空到达活性炭罐,燃油蒸气不能被吸入发动机燃烧;当发动机温度正常后,发动机 ECU 控制电磁阀通电,阀门打开,在真空的作用下,燃油蒸气进入发动机燃烧。

2. EVAP 系统的检修

(1)软管的检查

检查应从活性炭罐开始,确保每根软管连接牢固

视频 2-3-1 炭罐电磁阀

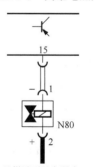

图 2-3-10 炭罐电磁阀控制电路

且无损坏、裂缝或泄漏。可通过嗅觉检测，因为损坏的软管会泄漏燃油，散发出强烈刺激的气味。发现损坏应立即更换，并做好标记以防装错。需要注意的是，更换时必须选用相应规格的软管。

（2）活性炭罐的检查

首先对通往活性炭罐的软管进行标记，然后拆下活性炭罐连接的软管，接着拆下固定活性炭罐的螺栓和夹具，最后取出活性炭罐。检查活性炭罐是否有裂纹或损坏，如果发现上述情况或活性炭罐内部被燃油浸泡，则必须更换活性炭罐。在更换时，可按与拆卸相反的顺序进行安装，并注意不要将软管装错。

（3）活性炭罐电磁阀的检查

首先，检查连接活性炭罐电磁阀的软管是否有损坏或泄漏，并检查导线插头和插座的连接是否牢固可靠。然后，拆下活性炭罐电磁阀上的所有真空软管，保持导线连接完好，再对活性炭罐电磁阀进行测试。当点火开关打开时，应能听到"咔嗒"声。如果未听到"咔嗒"声，则应拆下导线插头，用数字万用表测量电磁阀两触点间的电阻，标准值为 $22\sim30\Omega$；如果超出标准值范围，则应更换新的电磁阀。

接下来，测量电磁阀的供电电压。拔下电磁阀的导线插头，用发光二极管测试灯连接发动机的接地点和插头触点，然后起动发动机，此时发光二极管测试灯应亮起。如果测试灯不亮，则应检查触点和熔丝间是否开路：如果开路，则需要排除该故障；如果电路正常，则应进一步测试燃油泵继电器。

可用 VAG1551 或 VAG1552 故障诊断仪对活性炭罐电磁阀进行检查。

1）连接故障阅读仪并进行初始化操作后，故障阅读仪上将显示：

2）输入"03"，显示器上显示：

3）按"Q"键，再按"→"键，直到屏幕上显示：

此时，可用手感觉电磁阀动作时的振动，正常情况下电磁阀应振动。如果电磁阀不动作，则从阀上拔下 2 针插头，将发光二极管测试灯连接在拔出的插头上。如果发光二极管闪烁发光，则说明发动机 ECU 控制信号正常，电磁阀存在故障，应更换电磁阀；如果发光二极管未闪烁发光，则说明发动机 ECU 控制信号没有传至电磁阀上，需对发动机 ECU 及其控制电路进行检查。

4）最后按"→"键，显示器上显示：

快速数据传输	帮助
功能选择　　XX	

5）输入"06"，并按"Q"键确认，结束输出。

6）关闭点火开关，将2针插头插到活性炭罐电磁阀上。

更换损坏的电磁阀时，应先拔下连在上面的软管，再拆下连接插头，最后卸下电磁阀。安装时可按与拆卸相反的顺序进行，并注意不要将软管装错。

⚙ 任务实施

1. 主要内容及目的

1）掌握 EGR 及 EVAP 系统的特点、基本工作原理；

2）掌握 EGR 及 EVAP 系统电路的测试及诊断方法；

3）通过小组分工、协作，制定检修方案。

2. 技术标准及要求

1）按照提供的指定车型的维修手册（电路图）进行元器件及电路测试；

2）按照万用表等在线测试设备的操作规范，正确测试排气相关执行系统各类参数。

3. 实训设备与器材

整车4辆，整车配套测试台4个，诊断仪及示波器4套，维修工具4套。

4. 操作步骤及工作要求

1）做好检测前的安全防护；

2）对 EGR 及 EVAP 系统电路等进行在线测试；

3）判断结果并记录；

4）确定故障位置并修复。

🔍 拓展知识

废气涡轮增压控制系统检测及汽车尾气的检测与分析分别如视频 2-3-2 和视频 2-3-3 所示。

视频 2-3-2　废气涡轮增压控制系统检测　　　视频 2-3-3　汽车尾气的检测与分析

任务四　电子点火控制系统执行器故障诊断与维修

任务描述

发动机电子点火控制系统执行器主要是指发动机 ECU 接收到相关传感器信号后点燃混合气的点火控制器、点火线圈、火花塞等元器件。本任务要求对电子点火控制系统进行电路分析及故障诊断。

相关知识

一、电子点火控制系统的相关知识

（一）电子点火控制系统的作用

电子点火控制系统是发动机管理系统的主要组成部分,其作用是使火花塞产生火花,从而点燃气缸内的燃油混合气。为了点燃压缩过的燃油混合气,火花塞的瞬间点火电压必须高达 2000V 以上,而汽车所用蓄电池的电压一般只有 12～14V,所以电子点火控制系统必须将 12～14V 的初级低电压转换为 2000V 以上的次级电压（一些新型的电子点火控制系统甚至能够产生高达 10 万 V 的次级电压）,并将这种次级电压按照气缸的点火顺序分配到各个气缸的火花塞上,实现有效点火。

发动机正常工作必须满足以下 3 点:

1）足够的压缩比;

2）适当的空燃比;

3）准确而强大的火花能量。

为了给发动机提供准确而强大的火花能量,电子点火控制系统必须满足下列要求:

1）强大的火花能量:要产生强大的火花能量,就必须保证火花塞有足够的电压。

2）正确的点火正时:点火正时必须随发动机的转速和负荷变化,使每次点火都发生在最佳的点火提前角。

3）极其持久耐用:电子点火控制系统的工作必须非常可靠,才能承受发动机产生的振动、高温及自身所需的高电压。

（二）电子点火控制系统的组成

电子点火控制系统一般由初级电路、触发装置（信号发生器）、次级电路 3 个部分组成。

1. 初级电路

初级电路包括所有低压（12～14V 或系统电压）部件和线路,如点火开关、初级点火装置、点火控制模块及所有相关的电线和插头。

2. 触发装置（信号发生器）

触发装置分为磁感应式、霍尔效应式和光电效应式 3 种。发动机 ECU 根据接收的触发装置的信号（如凸轮轴位置传感器信号、曲轴位置传感器信号或气缸上止点信号），在某缸将要点火时，给点火控制模块一个点火正时信号，点火控制模块接收到此信号后切断初级点火线圈电流，次级电路便产生高压电使火花塞放电产生火花，点燃混合气。

3. 次级电路

电子点火控制系统的次级电路是高压（最高达 10 万 V）电路，它由次级点火线圈、高压线和火花塞组成。分电器式电子点火控制系统还包括分电器盖和转子。

二、电子点火控制系统的类型

按照点火控制系统的结构和工作特点，点火控制系统可以分为传统触点式点火控制系统和电子点火控制系统。现代汽车的电子点火控制系统根据其是否带有分电器可分为分电器式电子点火控制系统和无分电器式电子点火控制系统两大类。由于目前分电器式电子点火控制系统已经基本被淘汰了，故本书只对其进行简单说明，重点介绍无分电器式电子点火控制系统的工作原理。

（一）分电器式电子点火控制系统

图 2-4-1 所示为分电器式电子点火控制系统电路。这种电子点火控制系统由发动机 ECU 根据各种信号输入装置的输入信号来确定点火提前角。这些信号输入装置包括发动机冷却液温度传感器、节气门位置传感器、氧传感器、发动机转速传感器、车速传感器、空气流量传感器、大气压力传感器、爆燃传感器、空调开关（A/C）、制动开关、蓄电池等。对于不同车型，输入信号的数量可能稍有区别。

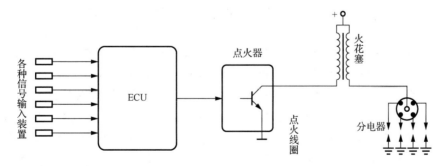

图 2-4-1　分电器式电子点火控制系统电路

分电器式电子点火控制系统的点火控制模块和点火线圈都装在分电器内部，这类车有夏利 2000 轿车、广州本田奥德赛轿车等。还有些车型把点火线圈、点火控制模块和分电器分开安装，如雷克萨斯 LS400 轿车、切诺基汽车等。

分电器内设有信号发生器，既可以向发动机 ECU 提供曲轴位置和发动机转速信号，又能充当凸轮轴位置传感器。

发动机 ECU 利用分电器内信号发生器的输入信号来控制初级点火线圈电流的通断。当发动机 ECU 向点火控制模块发出点火正时信号 IGT 时，初级电流被切断，点火线圈随即产生次级电压，使火花塞点火。随后，发动机 ECU 通过点火控制模块的点火反馈信号 IGF 判断初级点火电路是否已切断，并根据该信号生成喷油脉冲控制信号。

（二）无分电器式电子点火控制系统

无分电器式电子点火控制系统完全取消了分电器，它将点火线圈产生的高压电直接通过高压线传递给火花塞，使其点火。无分电器式电子点火控制系统又分为双缸同时点火式和单独点火式两种，如图 2-4-2 所示。

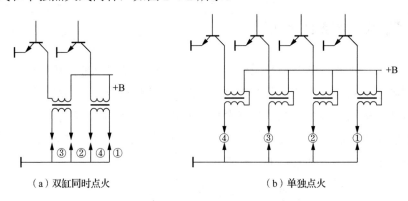

（a）双缸同时点火　　　　　　（b）单独点火

图 2-4-2　无分电器式电子点火控制系统的类型

双缸同时点火是指两个气缸合用一个点火线圈，即一个点火线圈有两个高压输出端，分别与两个火花塞连接，负责对两个气缸点火。

单独点火是指每个气缸的火花塞配用一个点火线圈，单独对本缸进行点火。

1. 无分电器式双缸同时点火控制系统

无分电器式双缸同时点火控制系统用一个点火线圈对到达压缩和排气上止点的两个气缸进行同时点火。当压缩上止点的气缸点火时，混合气被引燃而做功；当排气上止点的气缸点火时，虽然电火花浪费在排气中，但由于该气缸内的压力远低于压缩上止点的气缸（仅稍高于 1atm，1atm≈1.01×10^5Pa），且火花塞电阻很小，因此只需消耗极少的放电能量即可使高压电流通过，对火花塞造成的损伤也很小。

如图 2-4-3 所示，双缸同时点火方式中每两缸合用一个点火线圈，排气行程的气缸和压缩行程（点火）的气缸同时点火。采用无分电器式双缸同时点火控制系统的有日本电装公司生产的 DLI 系统，奔驰 111 和 104 轿车发动机、桑塔纳 2000 GSi 轿车 ARJ 发动机、捷达 AHP 轿车发动机、奥迪 2.6L 轿车发动机及宝来 AGN 轿车发动机等。

无分电器式双缸同时点火控制系统一般由双火花点火线圈组件、高压线、火花塞、ECU、凸轮轴位置传感器、曲轴位置传感器和爆燃传感器等组成。图 2-4-4 和

图2-4-5所示分别为桑塔纳2000 GSi轿车点火线圈组件实物图及双缸同时点火控制系统组成示意图。

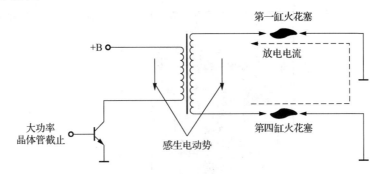

图 2-4-3 双缸同时点火时的放电电路

图 2-4-4 点火线圈组件实物图（桑塔纳 2000 GSi 轿车）

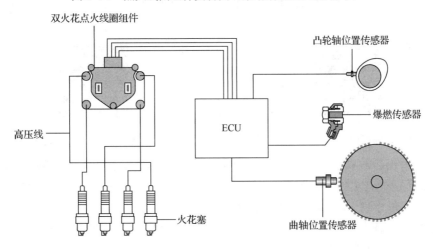

图 2-4-5 双缸同时点火控制系统组成示意图（桑塔纳 2000 GSi 轿车）

2. 无分电器式单独点火控制系统

无分电器式单独点火控制系统每个气缸的火花塞配用一个点火线圈，各火花塞单独地直接对每个气缸进行点火。这种点火方式非常适合在四气门发动机上使用。如图 2-4-6 所示，火花塞安装在两根凸轮轴的中间，每个火花塞上直接安装一个点火线圈，很容易布置。奔驰 119 和 120、沃尔沃 960、宝来 AGU、丰田卡罗拉、奥迪五缸等轿车的发动机都采用这种点火方式。图 2-4-7 所示为单独点火控制系统点火时的放电电路。

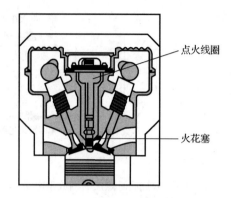

图 2-4-6　火花塞及点火线圈的布置

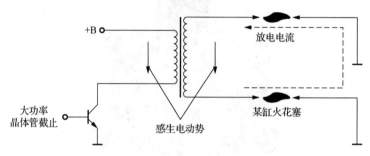

图 2-4-7　单独点火控制系统点火时的放电电路

单独点火方式所用点火线圈的结构及工作原理分别如视频 2-4-1 和视频 2-4-2 所示。

视频 2-4-1　单独点火方式用点火线圈结构　　视频 2-4-2　单独点火方式用点火线圈工作原理

单独点火控制系统的点火线圈一般采用的是超小型塑封式点火线圈，其结构如图 2-4-8 所示，其实物图如图 2-4-9 所示。火花塞采用了铂电极，电极间隙不需要检测和调整，每行驶 10 万 km 应更换新火花塞。

与无分电器式双缸同时点火控制系统相比，这种点火控制系统主要有以下特点：

1）点火线圈次级输出不使用高压二极管，为防止初级电路接通时次级绕组产生的感应电动势在缸内误点火，要求点火线圈次级输出端与火花塞接线柱之间有 3～4mm 的间隙，该间隙由安装托架来保证。

2）点火线圈次级输出端即火花塞中心电极均为负极性，击穿电压低，且火花塞放电频率低，电极寿命长。

3）取消了高压线，由点火线圈直接向火花塞供电，能量损失小，效率高，电磁干扰少。

4）点火线圈能安装在凸轮轴的中间，节省了发动机周围的安装空间。

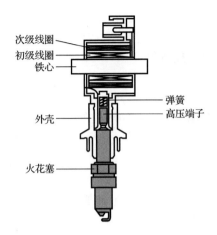

图 2-4-8　超小型塑封式点火线圈的结构　　图 2-4-9　奥迪 A6 轿车超小型塑封式
点火线圈的实物图

三、电子点火控制系统的组成

电子点火控制系统主要由电源、各种传感器、电子控制器（ECU）、点火电子组件（点火器）、点火线圈、分电器（无分电器式点火控制系统已取消该装置）、火花塞等组成，下面对其中一些主要部件进行介绍。

（一）电源

电源主要为蓄电池，负责给初级点火线圈提供电压。

（二）传感器

传感器主要用于检测发动机的各种状态信号，为 ECU 提供点火提前角的控制依据。与微机点火控制系统相关的传感器主要有以下几类。

1. 转速和曲轴位置传感器

转速和曲轴位置传感器用于检测发动机曲轴转速信号、发动机曲轴转角信号、曲轴基准位置信号，ECU 根据转速信号确定基本点火提前角，根据转角和基准位置信号确定曲轴位置。

2. 进气流量传感器

进气流量传感器用于检测进气流量，确定基本点火提前角。

3. 节气门位置传感器

节气门位置传感器用于检测节气门的开度大小，判断发动机的负荷状态；同时还用于反映节气门开度变化的快慢，判断加速、减速工况，修正点火提前角。

4. 冷却液温度传感器

冷却液温度传感器用于检测冷却液温度，修正点火提前角。

5. 进气温度传感器

进气温度传感器用于检测进气温度，修正点火提前角。

6. 爆燃传感器

爆燃传感器用于检测发动机的爆燃信号，实现点火时刻闭环控制。

（三）电子控制器（ECU）

ECU 是电子点火控制系统的控制元件，负责不断采集各传感器的信息，并根据特定程序进行判断和运算，从而向点火控制器或点火线圈发出最佳控制信号。在现代发动机集中控制系统中，微机点火控制系统仅作为电子控制器的一个子系统。

1. 点火提前角（点火正时）控制信号 IGT

ECU 根据传感器的输入信息，计算出最佳点火提前角，然后根据曲轴位置传感器 G、Ne 信号确定曲轴位置，适时向点火器发出点火正时控制信号 IGT，使火花塞点火。

2. 气缸判别信号 IGDA、IGDB

对于分电器式电子点火控制系统，点火顺序由配电器确定；对于无分电器式电子点火控制系统，ECU 根据 G、Ne 信号计算输出气缸判别信号 IGDA、IGDB，用于确定点火顺序（点火缸）。

（四）点火器

点火器是 ECU 的执行机构，负责将 ECU 输出的点火信号进行功率放大，以驱动点火线圈工作。一些点火器除具备接通和切断初级电路的功能外，还具备恒流控制、闭合角控制、气缸判别、点火监视等多种功能。此外，有些发动机不设独立的点火器，而是将控制初级电路的大功率晶体管集成在 ECU 内部。图 2-4-10 所示为丰田电子点火控制系统点火控制器电路。

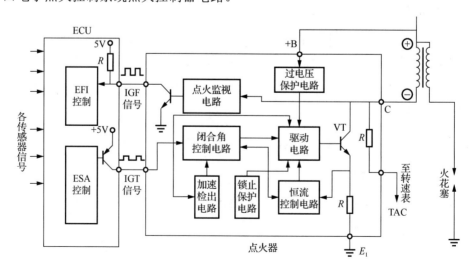

图 2-4-10 丰田电子点火控制系统点火控制器电路

四、电子点火控制系统的功能

电子点火控制系统主要具有以下控制功能。

（一）点火提前角控制

最佳点火提前角的作用在于确保气体膨胀趋势最大时，活塞处于下行做功阶段，从而实现最高效率、最小振动、最低温升。如果点火过晚，混合气在活塞到达上止点时才开始燃烧，这将导致燃烧发生在容积增大的情况下，使气缸内压力降低，发动机功率下降。此外，炽热气体与气缸壁接触面积增大，增加了热损失，从而导致发动机过热和油耗增加。相反，如果点火过早，则燃烧会在压缩过程中完全进行，气缸内压力急剧上升，在活塞到达上止点前即达到最大压力，这给正在上升的活塞带来巨大的阻力，不仅降低发动机功率和增加油耗，还可能发生爆燃。

1. 影响点火提前角的主要因素

（1）发动机转速

在其他影响因素不变的情况下，发动机转速越高，从点燃混合气到气缸压力达到最大值的时间内，曲轴转过的角度越大，点火提前角也就越大。

（2）进气歧管绝对压力（负荷）

在其他因素不变的情况下，发动机进气歧管绝对压力越大，混合气的质量越好，混合气的燃耗速度越大，从点燃混合气到气缸压力达到最大值所需的时间越短，点火提前角也就越小。

（3）辛烷值

汽油的辛烷值越高，抗爆性越好，点火提前角可适当增大；辛烷值越低，抗爆性越差，点火提前角应相应减小。

（4）其他因素

最佳点火提前角除与以上因素有关外，还与发动机燃烧室形状、燃烧室内温度、空燃比、大气压力、冷却液温度等因素有关。

2. 各工况下最佳点火提前角的控制

（1）起动时的点火提前角控制

起动时，转速较低，工况不稳定，将点火提前角设定为固定值。当发动机转速达到某一转速（如 400r/min）时，转入其他控制方式。

（2）起动后的点火提前角控制

实际点火提前角=初始点火提前角+基本点火提前角+修正点火提前角

1）初始点火提前角。初始点火提前角是原始设定的，又称固定点火提前角，通常为上止点前 5°～10°。

2）基本点火提前角。基本点火提前角是 ECU 根据主要因素确定的点火提前角。

① 怠速时的基本点火提前角。怠速时的基本点火提前角根据发动机的怠速转速和空调状态进行调节。当空调不工作时，怠速基本点火提前角设定为 4°；当空调工作时，随着发动机怠速转速的提高，怠速基本点火提前角增大至 8°。考虑到初始点火提前角，两种工况下的实际点火提前角分别为 14° 和 18°。

② 正常运行时的基本点火提前角。正常运行时的基本点火提前角是指节气门位置传感器怠速触点打开时所对应的点火提前角。在发动机稳定运行、气缸燃烧充分的情况下，基本点火提前角根据转速和负荷信息，通过查阅储存在 MAP 图（点火提前角与负荷、发动机转速关系图，如图 2-4-11 所示）中的值来确定。

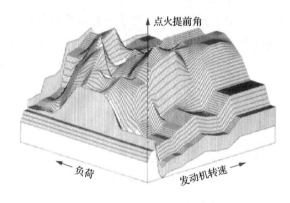

图 2-4-11　点火 MAP 图

3）修正点火提前角。修正点火提前角包括暖机修正和怠速稳定修正。

① 暖机修正。怠速情况下，随着冷却液温度的升高，逐渐减小点火提前角。

② 怠速稳定修正。怠速情况下，当发动机负载变化时，会引起发动机转速的波动，ECU 根据实际转速与目标转速的差值修正点火提前角，以稳定怠速。

③ 空燃比反馈修正。ECU 根据氧传感器的信号修正喷油量，当喷油量减少而导致混合气变稀薄时，应适当地减小点火提前角；反之，增大点火提前角。图 2-4-12 所示为空燃比反馈修正曲线。

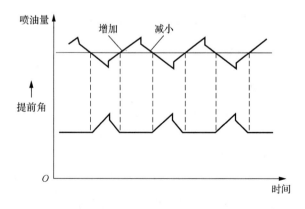

图 2-4-12　空燃比反馈修正曲线

（二）闭合角控制

闭合角控制又称通电时间控制。ECU 中存储有闭合角控制模型，如图 2-4-13 所示。闭合角随着发动机转速的增大和蓄电池电压的减小而增大，以确保初级线圈导通时间不变。

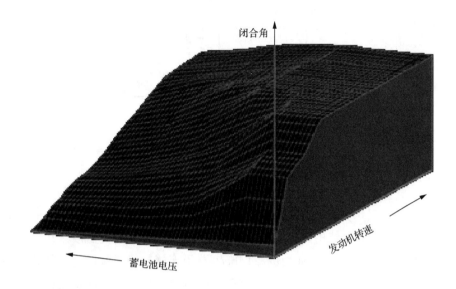

图 2-4-13　闭合角控制模型

（三）爆燃控制及其方法

1. 爆燃控制

通过爆燃传感器检测是否发生爆燃，若发生爆燃，则推迟点火时刻；若未发生爆燃，则提前点火时刻，从而在任何工况下保持最佳点火时刻，实现点火时刻的闭环控制。

2. 爆燃控制方法

在爆燃判定期内，检测到爆燃后推迟点火，直至爆燃停止，点火提前角按一定角度递增，直至再次爆燃。

五、迈腾轿车发动机点火系统执行器电路检修

（一）点火系统检查的基本步骤

点火系统的检查按照图 2-4-14 的步骤进行。

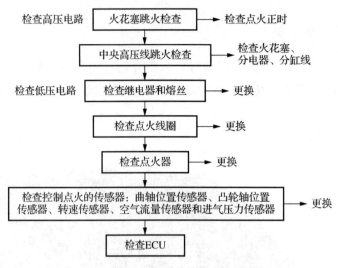

图 2-4-14　点火系统检查参考流程

（二）迈腾 B7 轿车发动机点火系统的检修

迈腾 B7 轿车采用无分电器式单独点火模式，每个气缸配有一个相同的点火模块，迈腾 B7 轿车点火系统电路如图 2-4-15 所示。每个点火模块插接器共有 4 个端子，如图 2-4-16 所示。以第 4 缸为例，T4be/1 端子连接初级线圈的供电线路，该供电线路受主继电器 J271 控制，并经熔丝 SB10 向点火模块初级线圈供电；T4be/2 为初级线圈的接地端子；T4be/3 连接点火控制线路，接收发动机 ECU J623 的控制信号；T4be/4 为次级线圈的接地端子。

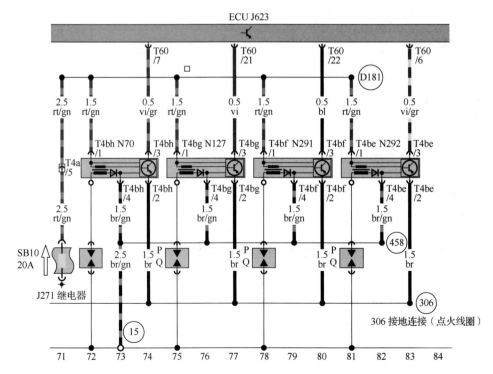

图 2-4-15　迈腾 B7 轿车点火系统电路

图 2-4-16 迈腾 B7 轿车点火模块插接器端子

点火系统的检查分为高压电路和低压电路两部分。

1. 高压电路的检查

1）进行火花塞高压跳火，如果有火，则检查点火正时；

2）如果无高压火，则检查火花塞和点火模块；

3）利用交换法检查点火模块及火花塞是否完好。

如果上述都符合要求，则检查低压电路。

2. 低压电路的检查

低压电路的检查按以下步骤进行。

（1）点火模块供电电压测试

接通点火开关，测量点火线圈插接器（图 2-4-16 和图 2-4-17）端子 T4be/1 与发动机搭铁点之间的电压，应为蓄电池电压；如果没有电压，则参照电路图检查供电线路。

（2）初级线圈搭铁测试

测量 T4be/4 端子与搭铁间的电阻，检查是否存在搭铁断路情况。

（3）初级线圈电阻检查

如果前面都正常，测量初级线圈电阻，检查是否存在断路情况。

（4）点火控制信号及电路检查

使用示波器测试点火控制信号时，示波器正极检测探针连接发动机 ECU 至点火线圈的信号控制线，负极检测探针连接发动机缸体，如图 2-4-17 所示。如果波形异常，则检查点火模块信号控制线束的导通性，测量 T4be/3 端子与 ECU T60/6 端子之间的电阻，正常应小于 1Ω，如图 2-4-18 所示。如果波形正常，则进一步检查曲轴位置传感器、凸轮轴位置传感器等，如果均正常，则检查或更换 ECU。

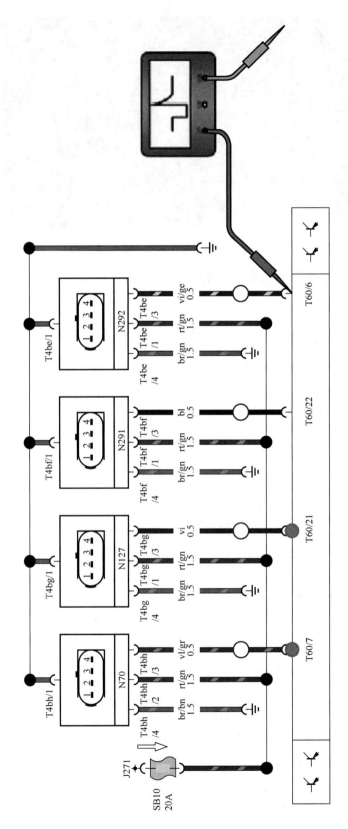

图 2-4-17　四缸点火模块控制信号测试

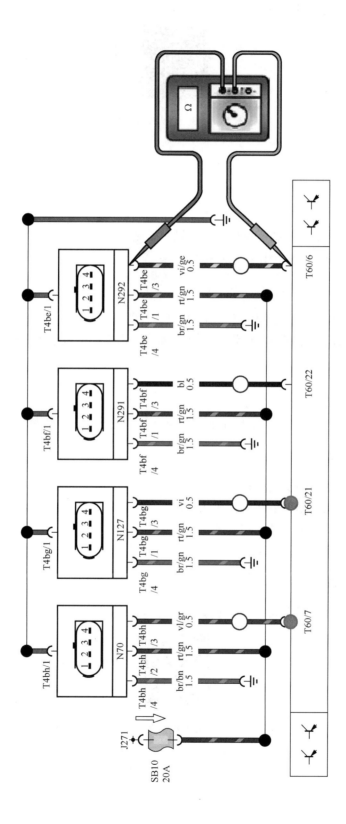

图 2-4-18　检测信号控制线路导通性

迈腾 B8 点火电路检测如视频 2-4-3 所示。

视频 2-4-3　点火电路检测

任务实施

1.　主要内容及目的

1）掌握电子点火控制系统的特点、基本工作原理；
2）掌握电子点火控制系统电路的测试及诊断方法；
3）通过小组分工、协作，制定检修方案。

2.　技术标准及要求

1）按照提供的指定车型的维修手册（电路图）进行元器件及电路测试；
2）按照万用表等在线测试设备的操作规范，正确测试电子点火控制系统的各类参数。

3.　实训设备与器材

整车 4 辆，整车配套测试台 4 个，诊断仪及示波器 4 套，维修工具 4 套。

4.　操作步骤及工作要求

1）做好检测前的安全防护；
2）对点火模块相关电路进行在线测试；
3）记录测试结果并进行功能判定；
4）确定故障位置并修复。

拓展知识

迈腾 B8 点火系统故障检修案例如视频 2-4-4 所示。

视频 2-4-4　点火系统故障检修案例（以迈腾 B8 为例）

项目三　发动机控制模块故障诊断与维修

📖 项目概述

　　汽车发动机 ECU 是发动机控制的核心部件，根据各传感器的输入信号，控制发动机的燃油喷射和点火时刻，并为其他输出装置（执行器）提供最佳控制指令。此外，ECU 还负责监测自身故障、传感器和执行元件、串行数据线和故障指示灯（malfunction indicator light，MIL）电路。当检测到故障时，ECU 会记录故障码并采取相应措施。本项目主要对 ECU 端子及电路识别方法、电源电路、正电电路、搭铁电路、控制器局域网络（controller area network，CAN）通信、故障码及数据流等进行分析，并对 ECU 电路进行诊断与维修。

🔧 学习目标

知识目标	能力目标	思政要素和职业素养目标
1．了解发动机 ECU 的组成及工作原理； 2．掌握 ECU 拆装及断开控制模块插接器的流程与方法； 3．掌握发动机 ECU 电源电路的分析方法与策略； 4．掌握发动机 ECU 插头端子的电阻检测方法； 5．掌握发动机 ECU 电源和搭铁端子的电压检测方法； 6．掌握发动机 ECU 与电子元件（或控制模块）之间线束导通性测试及供电电压的检测方法； 7．掌握发动机 ECU 相关数据流的标准范围及其 CAN 总线 HIGH 和 LOW 的标准波形图； 8．掌握发动机 ECU 插头的断开和插接方法； 9．掌握发动机 ECU 插头线束的检查和修复方法； 10．掌握发动机 ECU 相关故障码及数据流的诊断分析策略及清除方法；	1．能拆装整车上的 ECU 并分析 ECU 电源电路； 2．能进行发动机 ECU 插头端子的电阻检测； 3．能进行发动机 ECU 电源和搭铁端子的电压检测； 4．能进行发动机 ECU 与电子元件（或控制模块）之间线束的导通性测试及供电电压的检测； 5．能读取并分析发动机 ECU 的 CAN 总线 HIGH 和 LOW 的波形； 6．能检查、断开和插接发动机 ECU 插头； 7．能检查和修复发动机 ECU 插头线束； 8．能使用仪器读取发动机 ECU 相关故障码及数据流并分析故障原因； 9．能使用仪器检测发动机 ECU 电路故障，分析电路故障原因	1．树立安全意识、质量意识和责任意识，养成科学、严谨的工作态度； 2．严格执行汽车发动机电控系统故障诊断与维修技术标准与工艺规范，提升职业素养

任务一　发动机控制模块电路分析与检测

🧰 任务描述

　　发动机 ECU 电路主要是指外围电源电路，搭铁电路，与传感器、执行器等相连的电路，以及相关通信电路等。本任务要求对 ECU 电源电路，相关端子电路等进行分析与检测。

相关知识

一、发动机 ECU 相关知识

1. ECU 的功能

ECU 是一种电子综合控制装置，它所具备的基本功能如下。

（1）接收传感器或其他装置输入的信息

ECU 为传感器提供 5V、8V、12V 参考（基准）电压，并可以将输入的信息转换为微机所能接收的信号。

（2）存储、计算、分析处理信息

ECU 能够存储计算所用的程序、车型的特点参数、运算中的数据（随存随取）及故障信息。

（3）运算分析

ECU 能够根据信息参数计算出执行命令数值，将输出的信息与标准值进行对比，从而查出故障。

（4）输出执行命令

把弱信号变为强的执行命令数值，输出控制命令和故障信息。

（5）自我修正功能（自适应能力）

在发动机控制系统中，ECU 不仅负责控制汽油喷射系统，还具有点火提前角、怠速控制、排放控制、增压控制、自诊断、失效保护和备用控制系统等多项功能。与传统的模拟电路控制相比，基于微机控制的系统显著提高了信号处理速度和增大了容量，从而实现了多功能、高精度的集中控制。

2. ECU 的组成

发动机 ECU 的组成如图 3-1-1 所示。ECU 总成的拆装如视频 3-1-1 所示。

ECU 主要由输入回路、A/D 转换器（模拟/数字转换器）、微型计算机（简称微机）和输出回路 4 个部分组成。

视频 3-1-1　ECU 总成的拆装

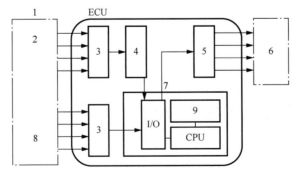

1—传感器；2—模拟信号；3—输入回路；4—A/D 转换器；5—输出回路；6—执行元件；7—微机；

8—数字信号；9—ROM-RAM 记忆装置。

图 3-1-1　发动机 ECU 的组成

（1）输入回路

传感器的信号主要有两种，即模拟信号和数字信号，如图 3-1-2 所示。信号首先进入输入回路，在此对输入信号进行预处理，通常包括去除杂波、将正弦波转换为矩形波，并最终转换为适当的输入电平，如图 3-1-3 所示。

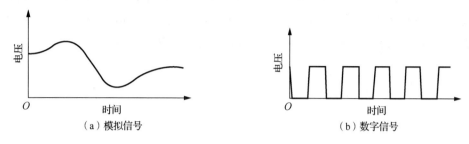

图 3-1-2　传感器输入信号的种类

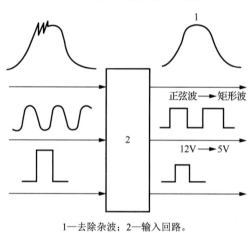

1—去除杂波；2—输入回路。

图 3-1-3　输入回路的作用

（2）A/D 转换器

由于传感器输入的是模拟信号，微机不能直接处理，故需要用 A/D 转换器转换成数字信号，再输入微机。图 3-1-4 所示为空气流量传感器输出的模拟信号经 A/D 转换器进行转换处理的示意图。

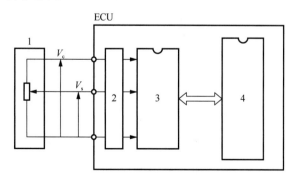

1—空气流量传感器；2—输入回路；3—A/D 转换器；4—微机。

图 3-1-4　模拟信号经 A/D 转换器转换处理示意图

（3）微机

微机的作用是根据发动机的工作需求，利用内存的程序（微机处理的顺序）和数据对传感器信号进行运算处理，并将处理结果（如燃油喷射控制信号、点火控制信号等）送至输出回路。微机的内部结构如图 3-1-5 所示，由中央处理器（central processing unit，CPU）、存储器［只读存储器（read-only memory，ROM）和随机存储器（random access memory，RAM）］、输入/输出装置等组成。

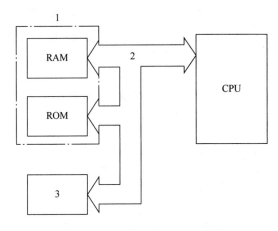

1—存储器；2—信息传送；3—I/O 装置。

图 3-1-5　微机的内部结构

CPU 的作用是读出命令并执行数据处理任务。CPU 主要由运算器（负责进行数据算术运算和逻辑运算）、寄存器（用于暂时存储数据）、控制器（负责按照程序进行各装置间的信号传输与控制）等部分组成，如图 3-1-6 所示。

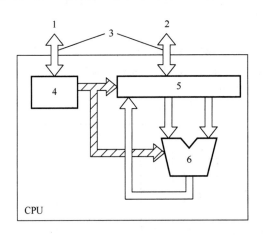

1—控制信号；2—数据；3—信息传送通道；4—控制器；5—寄存器；6—运算器。

图 3-1-6　CPU 的组成

存储器的作用是存储程序和数据，通常由几个 ROM 和 RAM 组成。ROM 是只读存储器，存储内容在写入后不可改变，但可以读取使用，即使切断电源，ROM

中的数据也不会丢失，因此适合长期存储程序和数据。近年来，可擦可编程只读存储器（erasable programmable read-only memory，EPROM）已在汽车微机中得到应用，该存储器内容可通过紫外线擦除并重新编程。RAM 则既能读出也能写入数据，允许在任意地址存储信息，但一旦断电，数据将丢失，因此 RAM 主要用于临时存储过程数据。

输入/输出装置根据 CPU 的指令，在外部传感器和执行器之间传输数据，通常称为 I/O 接口。

（4）输出回路

微机输出的数字信号电压较低，通常无法直接驱动执行元件。输出回路的功能是将微机输出的数字信号转换成可以驱动执行元件的适用信号。输出回路通常采用大功率晶体管，通过微机输出的信号控制执行元件的搭铁回路，如图 3-1-7 所示。

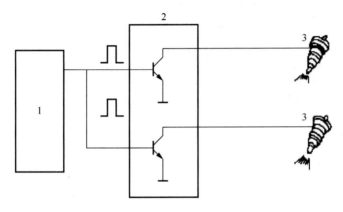

1—ECU；2—输出回路；3—喷油器。

图 3-1-7　输出回路

二、ECU 电源电路分析及测试

ECU 电源电路主要指向 ECU 提供正电（包含常电、条件电等）的电路。本书以常见的卡罗拉与迈腾轿车为例介绍这两种车型的典型 ECU 电源电路。卡罗拉轿车中一般称 ECU 为 ECM。

（一）卡罗拉轿车 ECM 电源电路分析及测试

图 3-1-8 所示为卡罗拉轿车 ECM 电源电路，该电路主要分为控制电路和主电路两部分，各部分电路走向如下。

控制电路：蓄电池正极→FL 主熔丝→30A AM2 熔丝→点火开关→7.5A IG2 NO.2 熔丝→IG2 继电器→A46 插接器→搭铁→蓄电池负极。

主电路：蓄电池→FL 主熔丝→P/I 熔丝→20A EFI 主熔丝→EFI 主继电器→10A EFI NO.1 熔丝→ECM 的 A50-1（+B2）和 A50-2（+B），ECM 得电。

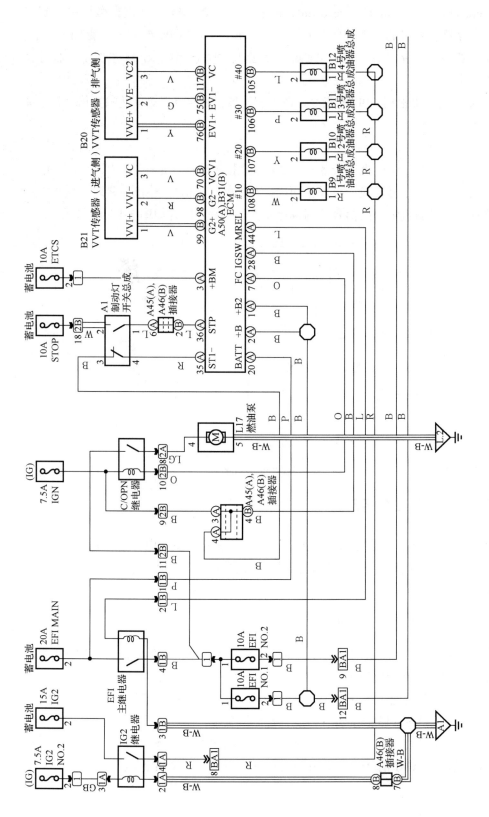

图 3-1-8 卡罗拉轿车 ECM 电源电路

卡罗拉轿车 ECM 电路测试过程如图 3-1-9 所示。

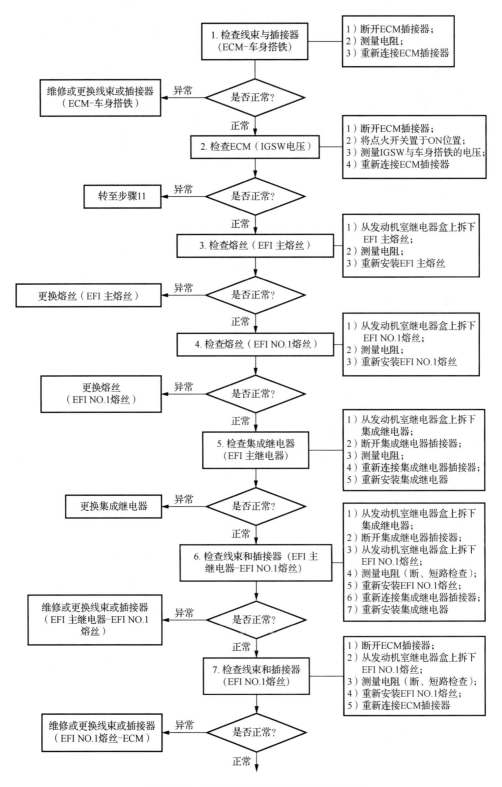

图 3-1-9　卡罗拉轿车 ECM 电路测试流程

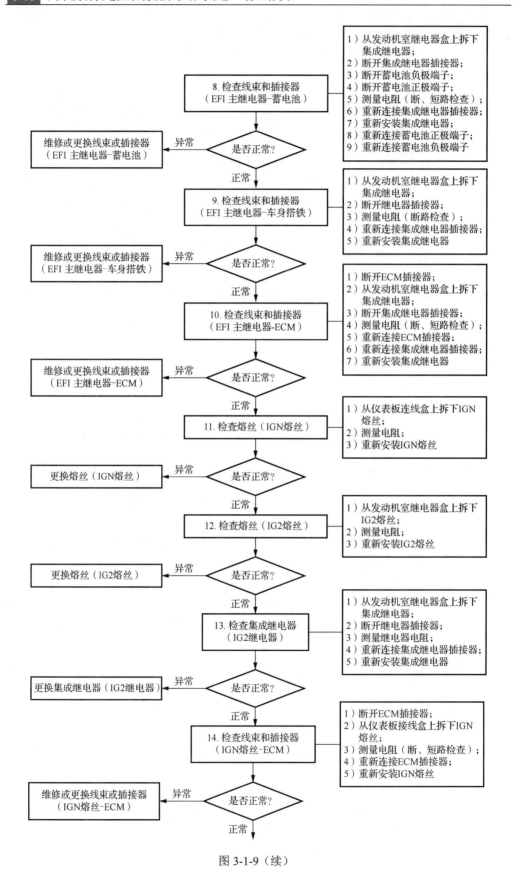

图 3-1-9（续）

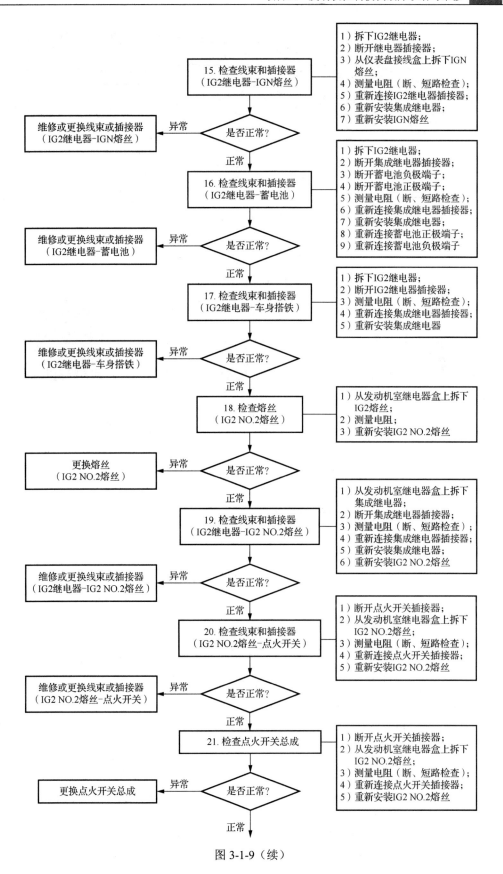

图 3-1-9（续）

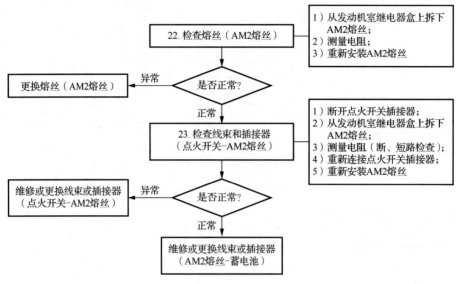

图 3-1-9（续）

（二）迈腾轿车 ECU 电源电路分析及测试

以迈腾 B8 轿车为例，该车 ECU 电源电路如图 3-1-10 所示。该电源电路的分析如视频 3-1-2 所示。

视频 3-1-2 ECU 电源电路分析（以迈腾 B8 为例）

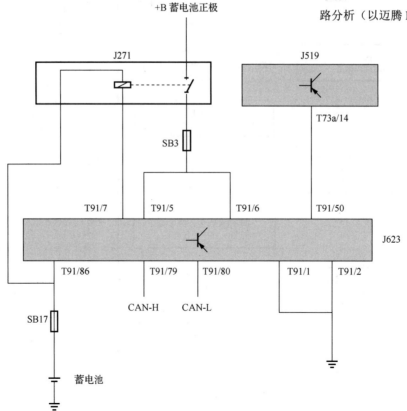

J271—主继电器；J623—发动机 ECU；J519—中央电网 ECU；SB3/SB17—熔丝。

图 3-1-10 ECU 电源电路（迈腾 B8 轿车）

ECU 及控制电路测试如视频 3-1-3 所示。

视频 3-1-3　ECU 及控制电路测试（以迈腾 B8 为例）

任务实施

1. 主要内容及目的

1）掌握 ECU 及其电路的特点、基本工作原理；

2）掌握 ECU 电路的测试与分析方法；

3）通过小组分工、协作，制定检修方案。

2. 技术标准及要求

1）按照提供的指定车型的维修手册（电路图）进行 ECU 电路测试；

2）按照万用表等在线测试设备的操作规范，正确测试 ECU 电源系统各参数。

3. 实训设备与器材

整车 4 辆，整车配套测试台 4 个，诊断仪及示波器 4 套，维修工具 4 套。

4. 操作步骤及工作要求

1）做好检测前的安全防护；

2）对 ECU 各供电、接地、CAN 端子进行测试；

3）记录测试结果，并对功能进行判定。

任务二　发动机控制模块电路诊断与维修

🔧 任务描述

发动机 ECU 电路故障会导致电控发动机无法正常工作，甚至导致外部诊断设备无法与其进行正常通信。本任务要求 ECU 故障的诊断与维修。

🔧 相关知识

一、ECU 故障检修的特点

汽车 ECU 是各汽车电子控制系统的核心部件，系统出现故障时，许多问题可能与 ECU 有关。但是，与系统中的其他部件和线路相比，ECU 的故障概率较低，但其检测难度较大。因此，在检修汽车电子控制系统故障时，不应盲目拆卸 ECU，而应优先检测与故障现象相关的线路和器件。在排除了 ECU 以外的潜在故障位置后，再对 ECU 进行检测。

二、常用的 ECU 故障诊断维修方法

（一）排除法

采用排除法诊断 ECU 故障时，首先根据汽车电子控制系统的故障现象分析可能的故障原因，然后通过相应的检测方法检查除 ECU 以外的其他可能故障的部件和线路。当这些潜在故障被排除后，若故障现象仍然存在，再检测 ECU 是否有故障。排除法通常采用电压表和欧姆表检测连接 ECU 的部件和线路的电压（通电时）及电阻（断电时），通过测得的电压或电阻来判断是否有故障。排除法操作简单，是目前诊断汽车 ECU 故障较为常用的方法。

然而，排除法的不足之处在于需要逐个检查与 ECU 相关联的部件和线路，只有在确认这些部件和线路均正常时，才能进一步诊断 ECU 故障。这意味着，排除法在 ECU 故障诊断过程相对耗时且需要较大的精力投入，并且准确性也存在一定局限性。在进行检测时，通常需要结合 ECU 端子电压检测法或替换法进行使用。

（二）ECU 端子电压检测法

ECU 端子电压检测法通过电压表检测 ECU 的传感器电源端子电压，以及执行器控制端子的脉冲电压或模拟电压，根据这些端子的电压状态或测得的电压是否在正常范围内来判断 ECU 是否存在故障。当 ECU 的电源端子电压正常时，如果发现传感器电源端子无电压或电压异常，则可确认 ECU 存在故障。然而，如果各端子的电压均正常，并不能直接排除 ECU 故障的可能性。因此，虽然端子电压检测方法能够较快获得数据并通过异常电压判断 ECU 故障，但若检测结果正常，仍需通过排

除法或替换法进一步确认 ECU 是否真的没有故障。

（三）替换法

替换法通过使用一个新的或已确认无故障的 ECU 替代待检测的 ECU，如果故障现象消失，则可判定原 ECU 存在故障。替换法的优点是操作简便，但也存在明显不足。首先，替换法需要有新的或良好的 ECU，然而在某些情况下，这种替代 ECU 可能难以获得。其次，当替换后故障现象没有消失，也无法完全确认被测 ECU 是正常的，此时通常还需要结合其他方法进一步排查电子控制系统的故障。

三、ECU 电路故障诊断的基本思路与流程

ECU 电路故障一般会导致诊断仪无法与发动机 ECU 进行通信。其故障的诊断与维修一般按照以下思路进行：

1）起动发动机，观察故障现象。

2）若无法起动发动机或起动无反应，则用诊断仪读取故障码。

3）若发动机无法进行通信，则进入 ABS 等其他动力模块；若仍无法进行通信，则说明动力 CAN 故障；若能进入其他动力系统，则重点检查发动机 ECU 电路。

4）依次检测发动机 ECU 的各类供电，如 30V 供电、15V 供电、主继电器供电及搭铁。

5）若外围电路正常，则说明发动机 ECU 自身存在故障。

🔧 任务实施

1. 主要内容及目的

1）掌握 ECU 故障及诊断特点；

2）掌握 ECU 电路故障的诊断方法；

3）通过小组分工、协作，制定检修方案。

2. 技术标准及要求

1）按照提供的指定车型的维修手册（电路图）进行 ECU 故障诊断与测试；

2）按照万用表等在线测试设备的操作规范，正确测试 ECU 电路。

3. 实训设备与器材

整车 4 辆，整车配套测试台 4 个，诊断仪及示波器 4 套，维修工具 4 套。

4. 操作步骤及工作要求

1）做好检测前的安全防护；
2）进行自诊断检查；
3）在线测试 ECU 电路；
4）确定故障点并修复；
5）分析故障机理。

项目四　发动机电控系统典型故障诊断与维修

 项目概述

发动机电控系统典型故障通常表现为发动机无法起动及运行不良。本项目是前述项目的综合，主要针对电控发动机出现的上述故障，综合运用电路系统分析、诊断逻辑编制、基于故障树的诊断理论等进行系统分析、诊断及故障排除。

学习目标

知识目标	能力目标	思政要素和职业素养目标
1. 掌握电控发动机自诊断机理； 2. 掌握电控发动机故障诊断的原则、方法等； 3. 掌握起动电路的分析方法与原理； 4. 掌握电控发动机无法起动、运行不良故障的诊断及维修流程	1. 能进行电控发动机无法起动、运行不良及电控故障的诊断与逻辑设计； 2. 能正确使用诊断仪及示波器进行综合故障分析； 3. 掌握电控发动机无法起动、运行不良及电控故障的维修	1. 培养团队意识、服务意识，增强沟通能力与团队协作能力； 2. 传承与发扬严谨细致、吃苦耐劳的传统美德

 **任务一　电控发动机不能起动故障诊断与维修**

任务描述

现有某车出现故障，具体表现为发动机不能起动。本任务要求对引起电控发动机不能起动的各种原因进行分析，同时结合汽车维修企业的实际工作过程，检查相关元器件、系统，最终确认故障点并排除故障。

相关知识

一、发动机电控系统的自诊断功能

自诊断（self-diagnostics）是发动机管理系统的核心功能之一，不仅可有效控制车辆的污染排放，还为维修技术人员提供了重要的诊断和维修支持。发动机控制模块（ECM 或 PCM）持续监测各个传感器的信号，一旦发现异常信号（如传感器信号中断或信号值超出正常范围等），无论是由机械故障还是由传感器、执行器、电路、发动机控制模块故障引起的，系统都会生成故障码（diagnostic trouble code，DTC），并可能点亮仪表板上的故障指示灯，以提醒驾驶员尽快进行维修。

二、电控发动机故障诊断的基本原则和方法

（一）电控发动机故障诊断的基本原则

电控发动机电子控制系统是一种精密且复杂的系统，其故障诊断具有一定难度。导致电控发动机无法正常工作的原因，可能来自电子控制系统本身，也有可能源自外部其他部分的问题，且故障排查的难度各异。然而，若能够遵循故障诊断的基本原则，便可通过较为简单的方法快速定位故障所在，电控发动机故障诊断排除的基本原则可概括为以下 6 个。

1. 先外后内

在发动机出现故障时，应优先检查电子控制系统以外的潜在问题。这样可避免无故障、无关的电子控制系统的传感器、控制模块、执行器及线路等进行复杂且耗时的检查，从而更快找到真正的故障部位。

2. 先简后繁

在进行故障排查时，首先应检查可以通过简单方法识别的潜在问题。例如，可以通过直观检查来快速发现明显的故障；用眼睛观察线路是否松动或断裂、油路有否漏油、进气歧管是否破损；用手触摸可疑线路的插接器，检查是否松动；通过触摸感受火花塞的温度和喷油器的振动来判断其工作状态；用耳朵或借助螺钉旋具、听诊器等工具听取漏气声、发动机异响或喷油器的规律声响等。如果直观检查未能发现故障，则应使用仪器仪表或其他专用工具进行进一步检查，并优先处理较容易检查的项目。

3. 先熟后生

由于结构和使用环境等因素，发动机的故障现象往往与某些常见的总成或部件故障相关。因此，首先应检查这些常见故障部位，若未找出问题，再对其他不常见的可能故障部位进行检查。这样通常可以更快速地定位故障，从而节省时间和精力。

4. 代码优先

电子控制系统通常具有故障自诊断功能。当出现故障时，故障自诊断系统会立即监测到并通过汽车诊断仪检测发动机，同时以警告灯的形式向驾驶员示警，并将故障信息以代码方式存储。然而，某些故障只会记录故障码，并不会记录警报。因此，在进行发动机系统检查前，应先按制造商提供的方法读取故障码，检查并排除故障码所指示的故障部位。在故障码所指示的故障消除后，发动机故障现象仍然存在，或者初始时未显示任何故障码，则应进一步检查发动机其他可能故障部位。

5. 先思后行

在进行发动机故障检查之前，应先进行故障分析，了解可能的故障原因。这样有助于避免盲目检查，既不会浪费时间检查与故障现象无关的部位，也能防止遗漏相关部位，从而迅速排除故障。

6. 先备后用

电子控制系统的部件性能以及电气线路的正常与否，通常通过电压、电阻等参数来判断。如果缺乏这些数据资料，故障诊断将变得非常困难，往往只能通过更新新件来解决，这不仅增加了维修费用，还浪费了大量时间。"先备后用"是指在检修车辆时，应提前准备好维修车型的相关检修数据资料。除了从维修手册和专业书籍中收集这些检修数据资料外，另一有效方法是测量无故障车辆的系统参数并记录下来，为日后检修同类型车辆提供对比参数。如果平时做好这些准备工作，将大大提升故障检查的效率。

（二）电控发动机故障诊断的基本方法

电控发动机故障诊断的基本方法按其诊断的深度可分为初步诊断和深入诊断两类。初步诊断是指根据故障现象，确定故障原因的大致范围。深入诊断是指根据初步诊断的结果，进一步分析并查找，直到准确定位故障具体部位。电控发动机故障诊断按诊断手段的不同可分为直观诊断、利用自诊断系统诊断、利用简单仪表诊断和利用专用诊断仪表诊断等几类。

三、电控发动机不能起动故障的检修

（一）电控发动机起动、运行的必要条件

在对电控发动机无法起动故障进行检修之前，首先必须了解电控发动机起动和运行的必要条件。电控发动机正常起动、运行的必要条件主要有以下 3 个：

1）有高压火：火花能量要强、有合适的点火正时；

2）有油进缸：合适的空燃比；

3）有气：气缸内有充足的新鲜空气，进排气通畅，不漏气（主要是检查气缸压力）。

如果有一个条件不正常或不良，则会造成发动机不能起动或运转不良。

（二）电控发动机故障诊断流程

电控发动机的故障诊断一般按下面的流程进行。

1. 调查或询问车主

通过询问车主或调查，了解车辆的基本信息，如故障发生的时间、周期和频率等。车主提供的这些信息往往对后续故障的排除具有重要参考价值。

2. 症状确认

确认车辆症状（如不能起动、怠速不稳等），并在必要时进行路试，以便初步分析可能的故障原因。

3. 外部检查与观察

对车辆进行外观检查，并检查油、水及线路连接等基本情况，重点对故障现象进行有针对性的检查。

4. 仪器检测、分析、判断

使用解码器读取故障码，并分析数据流，根据提示使用万用表和示波器进行检查、分析和判断。

5. 故障确认并排除

确认故障原因后，进行排除。

（三）电控发动机不能起动故障诊断流程

电控发动机不能起动主要表现在以下两个方面：①发动机不能转动或转动很慢；②曲轴转动正常但发动机不能起动。

1. 发动机不能转动或转动很慢

发动机不能转动或转动很慢，可按图 4-1-1 所示流程进行诊断。

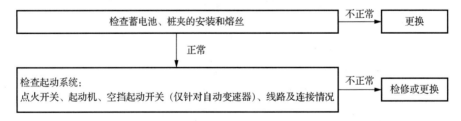

图 4-1-1　发动机不能转动或转动很慢故障的诊断流程

2. 曲轴转动正常但发动机不能起动

曲轴转动正常但发动机不能起动，可按图 4-1-2 所示流程进行诊断。

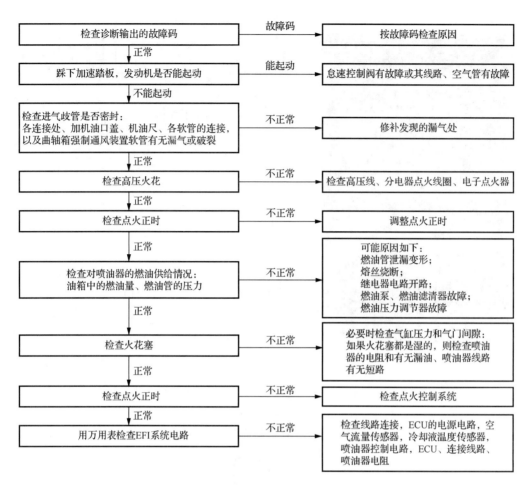

图 4-1-2 曲轴转动正常但发动机不能起动故障的诊断流程

（四）迈腾 B8 轿车发动机不能起动故障检修

下面以一汽大众迈腾 B8 轿车为例，介绍电控发动机不能起动故障的检修思路与流程。迈腾电控发动机不能起动的原因主要有以下 3 种：①起动机不转、发动机无法起动；②起动机转、发动机无法起动且无着车迹象；③可以起动，但起动后熄火。

1. 起动机不转、发动机无法起动

在进行故障处理之前，首先有必要了解迈腾 B8 轿车发动机的起动电路。

（1）迈腾 B8 轿车发动机的起动电路

迈腾 B8 轿车发动机的起动电路如图 4-1-3 所示。其起动控制电路分析如视频 4-1-1 所示。

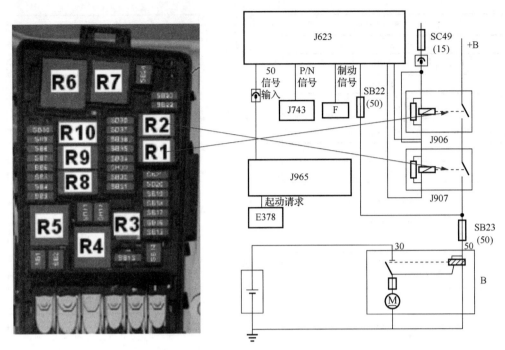

R1、J906—起动继电器1；R2、J907—起动继电器2。

图 4-1-3　迈腾 B8 轿车发动机的起动电路

视频 4-1-1　起动控制电路分析

（2）诊断思路

1）连接解码器进行自诊断检查，若无法与发动机 ECU 进行通信，则重点检查 ECU 电源电路；若能通信，则转下一步。

2）若能通信且同时有起动机或起动继电器相关故障码，则按故障码排查，否则转下一步。

3）若能通信但无故障码，则显示系统不正常。出现这种情况的概率很低，一旦出现，则考虑为起动机自身及其主电源电路故障。

2. 起动机转、发动机无法起动且无着车迹象

这种情况说明起动电路正常，此时需重点从燃油系统、点火系统、电控系统、进排气系统、机械系统等方面排除故障。如果有故障码，则按故障码提示进行诊断。单个系统的诊断方法前文已有介绍，这里不再赘述。

3. 可以起动，但起动后熄火

针对这种情况，应根据熄火的具体情况进行分析：如果起动后运行一段时间才熄火，则通常与系统油压问题有关，低压燃油系统故障的可能性较大；如果起动后立即熄火，则应重点检查防盗系统和动力总线是否存在故障。

 任务实施

1. 主要内容及目的

1）掌握电控发动机不能起动故障的原因、基本诊断思路；
2）掌握电控发动机不能起动故障的诊断方法；
3）通过小组分工、协作，制定检修方案。

2. 技术标准及要求

1）按照提供的指定车型的维修手册（电路图）进行故障测试与诊断；
2）按照万用表等在线测试设备的操作规范，正确测试相关系统各类参数。

3. 实训设备与器材

整车4辆，整车配套测试台4个，诊断仪及示波器4套，维修工具4套。

4. 操作步骤及工作要求

1）做好检测前的安全防护；
2）结合诊断仪进行自诊断分析；
3）结合故障码及其他测试确定下一步检测范围；
4）在线测试确定故障位置；
5）修复故障并分析机理。

拓展知识

电控发动机不能起动故障检修案例如视频 4-1-2～视频 4-1-4 所示。

视频 4-1-2　电控发动机不能起动故障检修　　　视频 4-1-3　电控发动机不能起动故障检修
案例（一）　　　　　　　　　　　　　　　　案例（二）

视频 4-1-4　电控发动机不能起动故障检修案例（三）

任务二　电控发动机运行不良故障诊断与维修

任务描述

现有某汽车出现故障，具体表现为发动机能正常起动但运行不良。本任务要求对引起电控发动机运行不良的各种原因进行分析，同时结合汽车维修企业的实际工作过程，检查相关元器件、系统，最终确认故障点并排除故障。

相关知识

电控发动机运行不良故障主要表现为怠速不良和加速不良。

一、电控发动机怠速不良故障诊断与维修

电控发动机的怠速稳定对汽车整体性能影响很大，许多故障往往通过怠速异常表现出来。因此，检查发动机怠速不良故障显得尤为重要。

（一）电控发动机怠速不良原因分析

发动机怠速不良表现为怠速不准确、过低或过高、怠速运转不平稳以及怠速不稳等。对于电控发动机来说，怠速不良的故障原因多种多样，增加了故障诊断和排除的难度。下面对 L 型电子燃油喷射系统发动机怠速不良的主要故障原因进行简要分析。

1. 怠速开关信号电路原因

发动机 ECU 通过检测怠速开关信号（IDL 端子）电位的高低来判断发动机是否处于怠速工况。当怠速触点闭合时，IDL 端子接收到低电位信号时，ECU 判断发动机处于怠速工况，于是启动怠速控制程序以维持发动机稳定运转。然而，若怠速触点间隙调整不当、接触不良、损坏或线路故障，则发动机 ECU 将无法准确识别怠速工况，从而导致怠速控制失误，引发各种怠速不良现象。因此，在检查过程中，应重点关注并首先排除这一故障可能性。

2. 怠速控制阀及其电路原因

怠速控制阀（ISC 阀）通过控制怠速工况下绕过节气门进入进气歧管的旁通空气量来控制怠速大小。发动机 ECU 根据冷却液温度传感器（THW 端子）及空调（A/C）、发动机动力转向油泵等附属装置的工作状态信号，将发动机转速保持在所设定的目标转速，并通过反馈控制实现稳定运转。ISC 控制阀有步进电动机型、旋转电磁阀型、占空比控制型、真空电磁阀型等多种类型。当 ISC 阀因积炭堵塞、卡滞，或控制线路出现短路、断路接地等故障时，发动机 ECU 无法准确控制 ISC 阀的开度，从而导致怠速不稳定，诊断时应重点检查此类故障。需要注意的是，现代车型已取消该装置，因此不再需要检查怠速控制阀。

3. 空气流量传感器及其电路原因

空气流量传感器用于检测进入发动机的空气量，是 ECU 控制燃油喷射的重要依据之一。如果空气流量传感器或其电路出现故障，那么 ECU 将无法接收到空气流量信号或接收到的信号失真，可能导致喷油器喷油量不准确，从而引发混合气过浓或过稀，进而造成转速过低、缺火或怠速不稳。诊断时，可以使用数字万用表检测怠速状态下空气流量信号输出端子及 ECU 相应输入端子的电压，并与标准值进行比较，以判断故障。

4. 喷油器及其电路原因

喷油器及其电路故障会影响喷油量及喷油质量。例如，喷油器积炭堵塞可能导致喷油量减少和雾化不良；喷孔磨损则可能造成喷油过多或滴漏。此外，喷油器电磁线圈及其控制线路电气故障（如接触不良、短路、断路或搭铁）也会导致喷油量减少或不喷油，从而引发怠速运转不稳和缺火现象。

5. 冷却液温度传感器及其电路原因

怠速时，发动机 ECU 根据冷却液温度传感器（THW 端子）输入信号判断发动机的热状态，并对喷油量进行修正。当冷却液温度低时，汽油蒸发困难，混合气形成困难且不均匀，此时应适当增大喷油量以提高混合气浓度。如果冷却液温度传感器出现故障，输出信号失真，ECU 将从 THW 端子获得错误信号，从而导致喷油量修正不当。在电路短路或断路的情况下，ECU 会采用跛行控制方式，固定在 80℃ 冷却液温度下进行怠速控制，这往往会导致怠速过低、缺火及运转不平稳。

6. 燃油泵及油路系统原因

燃油泵及油路系统对燃油压力有重要影响。当燃油压力过低时，喷油器在相同通电时间内的实际喷油量减少，导致喷雾质量变差和怠速混合气变稀；而当压力过高时，则会导致喷油量过多，混合气过浓。燃油系统的压力与燃油压力调节器、燃油泵、油压电磁阀的技术状态及其电路工作状况密切相关。

7. 空调开关信号电路原因

空调信号作为一个开关信号，向 ECU 发出空调开关请求。当空调开启时，ECU 会根据空调信号及时提高怠速，以适应空调压缩机的负荷。如果空调信号出现异常，则会导致怠速过高或过低，从而引发发动机抖动和熄火。

8. EGR 阀及其电路原因

EGR 阀仅在发动机达到正常工作温度并达到一定转速时才会打开，将一部分排气引入进气歧管并返回气缸，以降低缸内的最高燃烧温度，从而减少 NO_x 排放。如果 EGR 阀卡死在开启位置，或在怠速时无法紧密关闭，或因电路故障导致怠速时意外打开，就会稀释怠速混合气，进而导致怠速过低、运转不平稳或熄火等。

9. 空挡起动开关电路原因

配置自动变速器的汽车，其 ECU 根据空挡起动开关信号来调整怠速转速。当变速控制杆处于倒挡或前进挡时，ECU 会自动提高怠速转速；否则会降低怠速。如果空挡起动开关电路出现故障，则会导致 ECU 收到错误信号，从而导致怠速过高或过低。

10. 点火系统故障

在点火系统中，如果点火线圈、点火器或点火 ECU、分电器、点火信号发生器、与点火正时相关的传感器及高压线工作不良，则会导致缺火、火花弱或点火正时不准确等，从而导致怠速不稳定。

11. 其他故障

除以上故障原因外，以下因素同样可能导致怠速异常：ECU 故障、主氧传感器电路故障、EFI 主继电器电路故障、备用电源电路故障、冷起动喷油器电路故障、混合气调节可变电阻器电阻故障、燃油质量问题、进气歧管漏气、空气滤清器堵塞、气缸压缩不良等。

总之，电控发动机怠速不良的故障原因多种多样。在进行诊断维修时，应根据具体症状，结合发动机电控系统的组成和结构形式进行综合分析，同时借助 ECU 故障解码器调出故障码，并对照相关技术资料和技术数据进行检测判断。如果未能读取到故障码，则应从常见且易排除的故障入手，逐步进行诊断，确保高效、准确地找出故障原因并排除。

（二）电控发动机怠速不良故障诊断流程

电控发动机怠速不良时，可按照图 4-2-1 所示流程进行诊断。

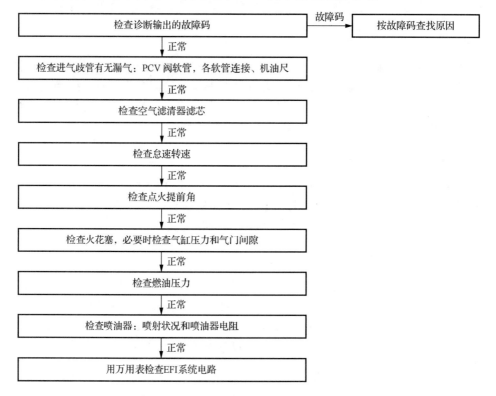

图 4-2-1　电控发动机怠速不良故障诊断流程

（三）电控发动机怠速不良故障检测与诊断

下面结合几种主要怠速不良的表现形式，对怠速不良故障的检测与诊断进行介绍。

1. 怠速不稳

怠速不稳的主要原因是各缸燃烧不正常或不均匀。针对怠速不稳的问题，应从混合气成分、火花能量、进气量等几个方面考虑。

（1）混合气成分

混合气成分（比例）不正确会导致怠速不稳，此时应检查混合气成分是否正确，主要检查以下几个方面：

1）喷油控制，包括喷油器及其电路的检查。通过终端测试检查是否存在某缸断油的问题；

2）空气供给系统，主要检查是否存在漏气情况；

3）辅助控制系统，包括 EGR 系统及 EVAP 系统，具体可参考项目二任务三中 EGR、EVAP 系统的检修内容。

（2）火花能量

火花能量弱或偶尔无火花也会导致怠速不稳，应重点检查有无漏电及点火系统故障等问题，具体可参考项目二任务四中点火系统的检修内容。

（3）进气量

进气量不足时，应进行怠速控制系统的检查，具体检查内容包括怠速通道是否堵塞、气缸密封性是否达标、配气相位是否准确等。

2. 怠速过高

怠速过高一般是由进气量过大造成的。检查时，重点考虑怠速控制（如怠速通道是否过大）、冷却液温度信号（如信号电压是否过高）、机械系统（如空气供给系统是否漏气、节气门开度是否过大）等方面。

3. 怠速过低（无怠速）

怠速过低应重点考虑以下几个方面：怠速控制阀是否损坏、燃油压力（标准为 $250\sim300kPa$）是否偏低、喷油器是否堵塞（会导致工作不良）、气缸压力是否偏低或各缸之间压力偏差是否较大。

（四）电控发动机怠速抖动故障检测与诊断

怠速抖动是电控发动机较为常见的故障现象。造成怠速抖动的主要原因包括两个方面：断缸及空燃比不当。

1. 断缸导致的抖动

断缸会导致发动机功率输出不平衡，进而导致抖动，具体原因可能是故障缸不喷油、不点火或气缸压力不够，应重点检查该缸的喷油、火花能量及压缩压力。

2. 空燃比不当导致的抖动

空燃比不当主要是指混合气配给不当，即汽油和空气混合的比例出现问题，此时应重点检查进气系统是否漏气及电控系统是否故障。

（五）怠速抖动故障诊断思路

1. 断缸导致抖动的诊断思路

1）通过读取故障码和数据流（主要为失火率）来判断故障缸。

2）如果故障码未明确指出是喷油故障还是点火故障，则可通过试火或测试喷油控制信号来判断故障原因。例如，对于迈腾轿车，如果发动机 ECU 检测到某缸不点火，将减少该缸一次喷油；如果检测到所有缸均不点火，则会在初始喷油几次后切断喷油，以实现发动机的溢油保护。由于试火可能对部分电子部件造成损害，故建议通过检测喷油信号的方法判断该缸是否存在断油或断火故障。

3）若判断为点火故障，则可参照单缸点火故障的诊断思路进行诊断；若为喷油故障，则可参照单缸喷油故障的诊断思路进行诊断。具体诊断方法前文已有介绍，这里不再赘述。

2. 空燃比不当导致抖动的诊断思路

1）读取故障码，若显示无故障码且系统正常，则转下一步；若有电控系统相关故障码，则按照故障码提示进行诊断。

2）读取发动机负荷、空气流量、短期燃油修正系数、喷油脉宽、失火率等数据。

3）若各缸均出现不间断失火故障且其余数据异常，则重点检查进气系统，包括连接排气阀的各种软管、连接 EVAP 系统的各种软管、PCV 密封塞等。

二、电控发动机加速不良故障诊断与维修

（一）电控发动机加速不良常见原因分析

发动机加速不良通常是由于混合气过稀或过浓、点火系统故障、发动机机械系统故障等引起的。

造成上述故障的具体原因有：燃油系统压力过高或过低，喷油器喷油不良，传感器信号错误，点火高压低、能量小，点火正时不正确，气缸压缩压力小，排气歧管堵塞等。

发动机加速不良一般有两种现象：一种是踩下加速踏板时发动机加速迟缓；另一种是踩下加速踏板时发动机转速不升反降。正常情况下，踩下加速踏板时，节气门开度增加，进气量随之增加，发动机 ECU 根据进气量、节气门位置传感器信号及其变化率，调整并增加喷油量。如果踩下加速踏板，进气量增加较少，导致喷油量修正不足，或喷油器喷油量增加迟缓或不足，则会引起加速迟缓；如果踩下加速踏板，进气量急剧增加，但因传感器信号异常，喷油器喷油量未能及时增加或增加量不足，或点火高压较弱，则可能导致发动机转速下降。

如果发动机在加速过程中转速短暂波动后迅速恢复,并能够较长时间维持高速运转,通常是由于加速瞬间出现断火现象,应重点检查点火系统。

如果踩下加速踏板,发动机转速不升反降,甚至出现熄火征兆,且难以达到高速状态,通常是由于混合气过稀、高压火花弱或排气歧管堵塞,其中混合气过稀最为常见。如果怠速运转平稳,但加速时出现回火或放炮现象,通常是高压火花弱或断火导致的。

（二）电控发动机加速不良故障诊断流程

电控发动机加速不良时,可参照图 4-2-2 所示流程进行诊断。

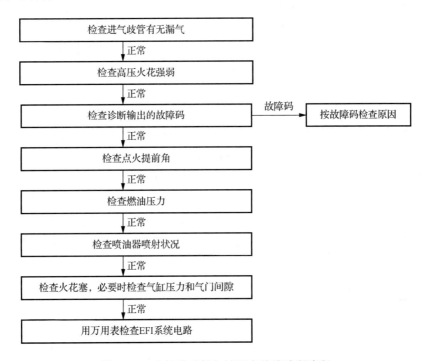

图 4-2-2　电控发动机加速不良故障诊断流程

（三）电控发动机加速不良故障诊断与排除

电控发动机加速不良的故障诊断与排除的具体步骤如下。

1）进行故障自诊断,检查有无故障码。空气流量传感器、节气门位置传感器等故障可能导致发动机加速性能受损。建议结合动态数据流进行观察,并根据故障码和动态数据流综合分析故障原因。

2）检查点火提前角。怠速时,点火提前角通常为 $10°\sim15°$,具体以维修手册规定为准。如果点火提前角不正确,应调整发动机的初始点火提前角。加速时,点火提前角应能自动增大至 $20°\sim30°$。若出现异常,则应重点检查点火控制系统。

3）测量各缸高压线电阻并拆检各缸火花塞。如果高压线电阻超过 $25k\Omega$ 或外表面有漏电痕迹,则应更换高压线。同时观察火花塞间隙和颜色,必要时调整间隙或更换火花塞。如需进一步确认,可使用点火示波器检测点火系统波形,判断是否存在故障。

4）检查进气系统有无漏气。用真空表测量，检查进气系统是否漏气。

5）检查燃油压力。怠速时，燃油压力应为 250kPa 左右或符合原厂标准；加速时，应上升至 300kPa 左右或符合原厂标准。若油压过低，则应检查油压调节器、燃油滤清器及燃油泵等。

6）检查进气系统相关传感器信号。用示波器检查空气流量传感器、节气门位置传感器的输出电压波形，若有异常，则应更换。

7）拆卸、清洗各喷油器。检查喷油器在加速工况下的喷油量，若有异常，则应更换。

8）检查 EGR 系统的工作情况。

9）检查排气歧管是否有堵塞现象。

以上步骤必须全部检查完成，确保排除同时存在几个故障原因的故障。

（四）电控发动机加速不良故障诊断与排除实例

下面以一汽大众迈腾 B7 轿车为例，介绍缸内直喷发动机加速不良故障的诊断与排除方法。除上述系统故障原因外，高压燃油系统故障也会导致直喷发动机加速不良。接下来介绍如何诊断高压燃油系统故障。

1. 迈腾 B7 高压燃油系统电路分析

迈腾 B7 轿车高压燃油系统控制简图如图 4-2-3 所示，其中 J623 为发动机 ECU，J757 为发动机部件供电继电器，N276 为高压调节电磁阀，通过 J623 传输至 N276 的脉冲信号建立起系统高压。

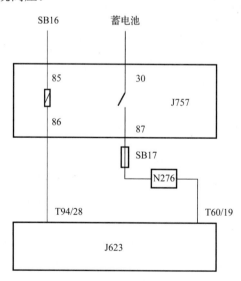

图 4-2-3　迈腾 B7 轿车高压燃油系统控制简图

2. 迈腾 B7 轿车高压燃油系统故障诊断思路

1）若故障现象为加速无力，原地急踩加速踏板，转速不超过 3000r/min，则可能为高压燃油系统故障，转下一步。

2）若故障码提示高压燃油系统电磁阀或继电器故障，则应按照故障码含义进行检查；若未发现相关故障码，则转下一步。

3）读取 106 组动态数据流，如果油压一直显示为 7bar（1bar=10^5Pa）左右，则说明系统未建立起高压，应检查燃油压力调节电磁阀及油压传感器。

4）通过执行元件动作测试功能检查燃油压力调节电磁阀 N276 是否动作，若无动作，则重点检查 N276 及其相关电路；若动作，则重点检查油压传感器 G247 及其相关电路。

5）若上述检查都正常，则考虑为机械故障导致的系统未能建立起高压。

任务实施

1．主要内容及目的

1）掌握电控发动机运行不良故障的原因、基本诊断思路；
2）掌握电控发动机运行不良故障的诊断方法；
3）通过小组分工、协作，制定检修方案。

2．技术标准及要求

1）结合指定车型的故障现象进行故障测试与诊断；
2）按照万用表等在线测试设备的操作规范，正确测试相关系统的各类参数。

3．实训设备与器材

整车 4 辆，整车配套测试台 4 个，诊断仪及示波器 4 套，维修工具 4 套。

4．操作步骤及工作要求

1）做好检测前的安全防护；
2）结合诊断仪进行自诊断分析；
3）结合故障码及其他测试确定下一步检查范围；
4）在线测试，确定故障位置；
5）修复故障并分析机理。

拓展知识

迈腾 B8 轿车电控发动机运行不良故障检修案例如视频 4-2-1～视频 4-2-3 所示。

视频 4-2-1　电控发动机运行不良故障检修案例（一）　视频 4-2-2　电控发动机运行不良故障检修案例（二）　视频 4-2-3　电控发动机运行不良故障检修案例（三）

参 考 文 献

郭兆松，2018．汽车发动机构造与维修[M]．武汉：华中科技大学出版社．

黄艳玲，张西振，2019．汽车发动机电控技术[M]．4版．北京：机械工业出版社．

宋作军，王玉华，2016．汽车发动机电控系统检修[M]．2版．北京：清华大学出版社．

王加升，张维军，2018．汽车发动机电控系统检修[M]．北京：化学工业出版社．

王先耀，2017．汽车发动机电控系统构造与检修[M]．北京：北京理工大学出版社．

杨保成，2018．汽车发动机电控技术[M]．北京：清华大学出版社．

张尚伟，雷小平，刘毅斌，2017．汽车发动机电控系统检修[M]．上海：同济大学出版社．